어린이를 위한
통계란 무엇인가

스토리텔링 가치토론 교과서 ❸
어린이를 위한 통계란 무엇인가?

1판 1쇄 발행 | 2015. 9. 3.
1판 8쇄 발행 | 2022. 2. 11.

신지영·김대현 글 | 홍정선 그림

발행처 김영사 | 발행인 고세규
등록번호 제 406-2003-036호 | 등록일자 1979. 5. 17.
주소 경기도 파주시 문발로 197 (우10881)
전화 마케팅부 031-955-3100 | 편집부 031-955-3113~20 | 팩스 031-955-3111

ⓒ 2015 신지영, 홍정선, 통계청
이 책의 저작권은 저자에게 있습니다. 저자와 출판사의 허락 없이 내용의 일부를
인용하거나 발췌하는 것을 금합니다.

값은 표지에 있습니다.
ISBN 978-89-349-7201-3 74810
      978-89-349-6095-9 (세트)

좋은 독자가 좋은 책을 만듭니다. 김영사는 독자 여러분의 의견에 항상 귀 기울이고 있습니다.
전자우편 book@gimmyoung.com | 홈페이지 www.gimmyoungjr.com

―――――

이 도서의 국립중앙도서관 출판시도서목록(CIP)은 서지정보유통지원시스템
홈페이지(http://seoji.nl.go.kr)와 국가자료공동목록시스템(http://www.nl.go.kr/kolisnet)에서
이용하실 수 있습니다. (CIP제어번호 : CIP2015023089)

어린이제품 안전특별법에 의한 표시사항
제품명 도서 제조년월일 2022년 2월 11일 제조사명 김영사 주소 10881 경기도 파주시 문발로 197
전화번호 031-955-3100 제조국명 대한민국 ⚠주의 책 모서리에 찍히거나 책장에 베이지 않게 조심하세요.

어린이를 위한
통계란 무엇인가

신지영·김대현 글 | 홍정선 그림

주니어김영사

추천의 글

통계를 알면 세상이
더 잘 보여요

어린이 여러분, 여러분은 이 세상에 대한 호기심도 많고, 하고 싶은 것도 많지요? 이 세상은 생각보다 많이 복잡해요. 어른이 되어도 모든 것을 다 알 수는 없지요. 운동장 한 가운데에 서서 주변을 한번 둘러보세요. 그러면 학교 화단에서 식물과 곤충의 세계를, 뒤쪽에 보이는 사육장에서는 동물의 세계를, 고개를 들어 본 하늘에서는 태양계 등 많은 것들을 볼 수 있을 거예요. 이것들은 신기하면서도 아름답지만 막상 연구를 하기 위해 자세히 살펴보면 아주 복잡하다는 것을 알 수 있어요.

이렇게 복잡한 것을 나름의 순서와 체계를 갖고 연구하며 좀 더 깊이 알고 싶다면 '통계'를 알아야 해요. 통계는 관찰하는 대상에 대하여 특정한 기준을 정해, 숫자나 도표, 그래프 등으로 표현하고 특성을 분석해 뽑아내는 작업이에요.

예를 들면, 초등학교에 대하여 막연히 떠올려 생각해 보는 것이 아니라, '학년은 몇 학년까지 있고 한 반에 몇 명 정도 있으며 그중 남자는 몇 명, 여자는 몇 명이 있다', 이러한 순서로 이야기하려면 결국엔 숫자로 이야기할 수밖에 없어요. 이러한 숫자들을 모아 보기 좋게 정리해 놓으면 그것이 바로 통계표예요.

여러분이 어른이 되어서도 모든 것을 직접 조사하고 연구할 수는 없어요. 그때는 정부 기관인 통계청이나 각종 기관에서 만들어 놓은 통계표를 살펴보고, 사회 현상을 이해할 수 있으면 돼요.

　이 책을 읽다 보면 통계가 참 매력적이라고 느끼게 됩니다. 도깨비의 요술 지팡이까지는 아니지만, 누구도 따라올 수 없는 명탐정이 되게 하는 중요한 힘이란 걸 알 수 있어요. 통계가 무엇이고, 또 어떻게 자료를 모으고 수집해 통계 자료를 만들고, 생활에 통계를 어떻게 활용할 수 있는지를 조금씩 알려 주죠. 한마디로 어린 시절에 통계의 달콤새콤한 '맛'을 볼 수 있게 하는 유익한 동화예요. 통계에 대해 친근감을 갖고 미리 조금씩 알 수 있게 한 것이 이 책이 세상에 나오게 된 목적이지요.

　다른 동화책은 재밌게 읽고 나면 끝이지만, 이 통계 동화는 학년이 올라갈수록 도움이 될 거예요. 특히 수학이나 사회, 과학 과목 등을 배울 때요. 성인이 될수록 더 많은 보탬이 될 것이고요.

　이 책에는 '떡볶이 집에서 인기 있을 메뉴는 어떻게 찾을까? 막무가내로 전교 회장이 될 거란 허망한 기대에 찬 친구를 어떻게 말릴까? 길 잃은 토끼를 구해 주려면 어떤 근거를 들이대야 할까?' 등 여러 가지 흥미 있고 유익한 이야기가 나와요. 문제가 생겼거나 위기에 빠졌을 때 어떻게 생각하고 어떠한 방법으로 해결할 것인지를 통계를 통해서 배울 수 있어요.

　이 책이 학습에는 물론, 평생토록 여러분의 생활에 도움이 되었으면 좋겠네요. 이 책으로 어린이 여러분이 튼튼하고 씩씩하게 자랄 뿐만 아니라 통계를 통한 여러분의 꿈이 꼭 이루어지길 바랄게요.

2015년 9월 1일 통계청장 유경준

글 작가의 말

알고 보면
아주 가까운 친구 '통계'

'통계'란 말은 조금 낯설죠?

괜히 어려울 것도 같고 그냥 학교에서만 배우는 공부 같기도 하죠. 어쨌든 나랑은 상관이 없게 느껴지기도 해요. 저도 어릴 때는 통계를 제대로 배워 보려고 하지도 않고 그냥 어려워만 했어요. 지금 생각하면 참 후회돼요. 학생 때 통계라는 좋은 친구를 사귈 기회를 놓쳤으니까요.

아무리 좋은 친구라도 마음을 닫아 버리면 절대 친구가 될 수 없어요. 아주 착하고 배울 게 많은 친구인데도 첫인상만 보고 어렵고 불편해서 피하면 사귈 기회를 놓치는 거예요. 정말 좋은 친구를 사귀고 싶다면 일단 가까이 다가가야 해요. 그리고 그 친구가 어떤 말을 하는지 들어 봐야 하죠. 그런 다음 그 친구에게 말을 걸어 보는 거예요. 그러면 아마 그 친구도 자신의 마음을 보여 주고 내민 손을 잡아 줄 거예요.

전 통계란 친구를 나이가 들어서야 다시 만나게 됐어요. 어린 시절에 놓친 기회를 어렵사리 다시 잡은 거죠. 어릴 때처럼 피하지 않고 다가가서 살펴보고 통계의 이야기를 들어 보니 통계는 정말 나와 가까운 친구였더라고요. 나의 성적표에서 같이 울어 주기도, 함께 웃어 주기도 했어요. 평균 점수란 이름으로요.

우리 생활 곳곳에 통계가 쓰이지 않는 곳을 찾기가 힘들 정도예요. 여름에는 덥고 겨울에는 추운 걸 알 수 있는 것도 통계 덕분이죠. 오랜 시간 동안 꾸준히 쌓인 날씨에 대한 자료를 수집하여 통계로 정리한 덕분에 추측할 수 있게 된 거예요.

이뿐만 아니라 통계는 모든 학문에서 가장 중요한 역할을 하고 있죠. 학문을 하기 위한 수많은 자료들은 전부 통계를 통해 쌓인 것들이에요. 역사를 예를 들어 볼까요? 고려의 임금이 몇 명이었고, 조선의 임금이 몇 명이었으며 두 왕조 중 어떤 때에 더 백성을 위한 좋은 일을 했는지를 알아 보기 위해서도 통계가 필요하죠. 수백 년, 아니 수천 년 동안의 기록을 통계로 정리했기 때문에 사람들은 그걸 보고 역사를 공부하거나 연구할 수 있는 거랍니다.

지금 말한 것은 정말 극히 일부분이에요. 아마 밤새도록 이야기해도 통계가 쓰이는 모든 분야를 말하기는 모자랄 거예요. 정말이지 알면 알수록 놀랍고 재미있는 게 바로 통계랍니다.

여러분들도 통계란 멋진 친구를 사귀고 싶지 않나요? 어떻게 사귈지 걱정이라고요? 걱정 마세요. 아마 이 책을 다 읽을 무렵이면 통계란 친구와 조금은 친해진 자신을 느낄 수 있을 거예요.

신지영

통계로 야구 보는
눈이 달라졌어요

지금도 마찬가지이긴 하지만 어린 시절 저는 야구를 참 좋아했습니다. 텔레비전에서 야구 중계를 시작하면 밥을 먹는 것도 잊고 경기에 흠뻑 빠지곤 했었죠. 응원하는 팀이 이길 때면 나도 모르게 기뻐서 소리를 지르기도 했습니다. 그런데 가끔 화가 날 때가 있었습니다. 제가 좋아하는 선수가 이번에는 틀림없이 안타나 홈런을 칠 것 같은데, 감독이 갑자기 그 선수를 다른 선수로 바꾸는 경우였죠. 게다가 교체한 선수가 어이없게 아웃이라도 당하면 어린 마음에 왜 아무렇게나 선수를 교체해서 경기를 망치느냐고 감독을 원망하기도 했답니다.

그런 생각을 바꾸게 된 것은 나이가 들어 통계라는 새로운 세계를 만나게 되면서부터였어요. 야구 선수들에 대한 정보를 수집해서 정리해 놓은 통계 자료들은 어떤 타자가 어떤 투수에게 강하거나 약한지를 숫자로 한눈에 보여 주었습니다. 그러다 보니 감독이 제 생각과 달리 선수를 교체하는 이유도 비로소 이해하게 되었죠. 감독이 선수를 미워해서 교체하는 것이 아니라, 통계적으로 볼 때 선수를 교체하는 것이 타점이나 방어율을 더 높일 확률이 높아진다는 것을 말입니다. 지금 다시 생각해 보면 감독이 선수를 교체한 시합에서 성적이 더 좋았던 경우가 많았어요. 통계에 대한 이해가 야구 경기를 보는 눈을 완전히 달라지게 만든 것이죠.

이 책은 통계를 어렵고 낯선 것이라 느끼는 어린이들을 위해 쉽게 풀어 쓴 통계 이야기입니다. 통계 할머니와 성범이를 비롯한 양화초등학교 학생들 사이에서 벌어지는 다양하고 재미있는 사건들을 통해 통계가 여러분들의 생각보다 우리의 삶에 얼마나 많이 영향을 주고 있는지 알게 될 거예요. 또한 평소에 통계적으로 생각하는 것이 살면서 마주치게 되는 여러 문제를 해결하는 데 얼마나 큰 도움이 되는지도 함께 말입니다.

한 어린이가 어른이 되면서 야구를 보는 눈이 통계를 통해 달라진 것처럼, 이 책을 읽은 어린이들 또한 통계를 통해 새로운 세상을 만날 수 있게 되기를 진심으로 바랍니다.

김대현

차 례

통계는 명탐정 12
통계학자 셜록홈즈 24

선거는 어려워 28
여론 조사 기관 갤럽의 탄생 42

토끼를 구해 줘! 46
전염병을 막은 통계 58

떡볶이를 부탁해 62
월마트의 통계 시스템 76

불량배 소탕 대작전 80
깨진 유리창 이론 94

느낌보다는 숫자 98
머피의 법칙 110

함께 살아가기 114
다문화 사회 128

정확한 통계 조사를 위해 132

통계는 명탐정

"정석아! 여기 비었어. 얼른 패스해, 패스!"
"알았어. 자, 받아!"
낮게 튕긴 공이 성범이의 발 앞에 떨어졌다.
"아까보다 조금만 더 높게 차!"
"높게 차는 것쯤이야 문제없지!"
성범이는 축구공을 있는 힘껏 발로 찼다. 잔뜩 힘이 들어간 발에 맞은 축구공은 하늘 높이 솟구쳐 사라졌다. 잠시 후 어디선가 커다랗게 쨍그랑 하는 소리가 들렸다. 축구공이 공터 옆의 집으로 넘어가 유리창을 깨뜨린 것이었다. 순간, 성범이와 아이들의 표정이 새파래졌다. 남의 집 유리를 깼으니 눈앞이 깜깜했다. 모두들 머리를 감싸 쥐고 바닥에 주저앉았다.

"어쩐지 우리가 한동안 아무런 사고 없이 잘나간다 했어. 일요일은 그냥 쉴걸. 괜히 나와서 문제만 만들었네."

"그러게 말이야. 이렇게만 연습이 잘되면 이번 축구 대회 우승은 문제없을 거라고 좋아했더니, 이제 어떡해?"

잠시 동안 고민하던 성범이가 손바닥을 털고 일어나며 말했다.

"어떡하긴 뭘 어떡해. 공 찬 사람이 해결해야지. 내가 가서 사과하고 공 찾아올 테니까 너희들은 좀 쉬면서 기다려."

"야, 혼나면 어떡해!"

"맞아, 저 집은 건물 색깔도 우중충한 게 무서운 사람이 살 것같이 보여."

아이들이 걱정스러운 듯 한마디씩 했다.

"걱정 마, 지금은 대낮이라고! 저기에 진짜 무서운 사람이 산다고 해도 내가 90도로 허리 굽히며 사과하는데 날 잡아다 가두기라도 하겠어?"

성범이는 아이들을 보고 크게 웃은 뒤 씩씩하게 걸음을 뗐다. 하지만 당당하기만 하던 처음과는 달리 발은 점점 더 무거워졌다. 공이 넘어간 집의 대문 앞까지 오자 정말 쇠라도 매단 것처럼 다리가 움직여지지 않았다.

'저 유리창 진짜 비싸 보이는데……. 집 주인이 무조건 유리 값 물어내라고 하면 어떡하지? 지금이라도 도망칠까?'

이런저런 생각을 해 봐도 뾰족한 수는 떠오르지 않았다. 성범이는 침을 꿀꺽 삼키고는 철문을 쳐다보았다. 대문 위에는 닳아서 문양이 지워진 초인종이 붙어 있었다. 얼굴 인식 장치 없이 소리만 들리는 구형이었다. 성범이는 기침을 한 번 하고는 벨을 꾹 눌렀다. 만일 무서운 아저씨의 목소리가 들리면 바로 도망가야겠다는 생각이었다. 하지만 걱정과는 달리 초인종에 달린 스피커에서는 다정한 할머니의 목소리가 들렸다.

"이제야 왔구나. 조금 더 기다려야 하는지 알았다. 어서 들어와서 공 가져가렴."

친절하고 차분한 목소리와 함께 철컥 하고 문이 열렸다. 성범이는 깜짝 놀랐다. 자기는 벨만 눌렀을 뿐 아직 아무런 말도 하지 않았기 때문이다. 무언가 이상한 생각이 든 성범이가 조심스럽게 초인종 스피커에 대고 물었다.

"안녕하세요. 저기 혹시, 제가 누군지 아시나요?"

"그럼! 양화초등학교에 다니는 학생 맞지?"

스피커에서 나오는 목소리에 성범이는 다시 한 번 놀랐다.

"제, 제가 보이나요?"

스피커에서는 작은 웃음소리가 들렸다.

"하하, 전혀 보이지 않는단다. 하지만 어떤 일은 안 보고도 알 수 있단다. 그나저나 거기 계속 서 있기만 하고 공은 안 찾아갈 거니?"

그제야 아차! 하는 생각이 든 성범이는 조심스럽게 대문을 열고 마당으로 들어가 주변을 살폈다. 하지만 마당 어디에도 축구공은 보이지 않았다.

성범이는 어쩔 수 없이 마당을 지나 계단을 올라갔다. 계단을 다 오르니 현관문이 살짝 열려 있는 게 보였다. 성범이는 조심스럽게 열린 문틈으로 고개를 기웃거렸다. 그때 할머니와 눈이 딱 마주쳤다. 할머니는 놀란 성범이를 웃으며 쳐다보았다. 한 손에는 축구공을 든 채였다. 성범이는 할머니와 눈이 마주치자 재빠르게 허리를 90도로 숙이며 깍듯이 사과를 했다.

"할머니! 죄송해요. 일부러 그런 건 정말 아니에요."

"괜찮다. 어릴 땐 다 그렇지. 그래도 혼날까 봐 도망가지 않고 이렇게 사과하러 온 걸 보니 넌 반듯하고 용감한 아이로구나."

할머니가 축구공을 내주며 다정하게 말씀해 주니 성범이는 사과하러 오기를 잘했다는 생각이 들었다.

할머니는 아담한 키에 짧은 커트 머리였다. 은발에 가까운 머리카락이 햇빛에 반사되자 반짝반짝 빛났다. 성범이는 마음이 놓였

다. 그리고 갑자기 조금 전의 궁금증이 생각났다.

"맞다! 할머니, 그런데 제가 아무 말도 안 했는데 어떻게 벨 소리만 듣고 제가 누구인지 아셨어요?"

정말로 알고 싶은 듯 눈을 커다랗게 뜨고 묻는 성범이의 모습에 할머니가 빙그레 미소를 지었다.

"그거야 쉬운 일이지. 조금만 생각해 보면 알 수 있단다. 이 길은 외진 곳에 있어 평소에 사람들이 잘 지나다니지 않는단다. 그리고 우리 집에 찾아올 사람들은 모두 미리 약속을 하고 오지. 그러니 지금 이 집을 찾아올 사람이라곤 특수한 상황이 벌어져, 이 집에 꼭 들어와야 하는 특별한 용무가 있는 사람일 수밖에 없지. 바로 유리창을 깨뜨린 너처럼 말이야."

"하지만 할머니, 우편집배원 아저씨나 택배 아저씨일 수도 있잖아요?"

"그래, 그렇긴 하지. 하지만 집배원과 택배 기사가 다니는 시간은 월요일부터 토요일까지란다. 그러니 오늘 같은 일요일에 그분들이 우리 집에 올 경우는 거의 없겠지. 게다가 여기에 이 축구공까지 있지 않니."

할머니의 설명을 들은 성범이는 고개를 끄덕였다. 하지만 할머니의 대답에도 아직 모든 수수께끼가 다 풀린 것은 아니었다. 아직 궁금증이 남아 있는 성범이의 표정을 살피던 할머니는 다시 말을 이었다.

"내가 어떻게 네 학교를 맞혔는지 궁금한가 보구나. 그것도 조금만 생각해 보면 알 수 있단다. 너희 학교는 원래 가을이면 반 대항 축구 대회를 하잖니. 항상 같은 달에 말이야. 이 시기에 축구 대회를 하는 학교는 너희 학교밖에 없어. 다른 학교는 운동회를 하거든. 축구 대회는 너희 학교만의 오래된 전통이지. 사실 이 공터는 너희들만의 비밀 장소가 아니란다. 너희 선배들도 항상 이맘때 즈음에 여기 와서 비밀 훈련을 했었지. 아마 너희들도 이 공터를 선배들에게서 듣지 않았니?"

성범이는 이번에도 대답 대신 고개를 끄덕였다. 할머니는 웃으며 성범이의 머리를 쓰다듬었다.

"게다가 너희들은 요 근래 매일, 같은 시간에 공터에서 연습을 했잖니. 이런 상황들을 종합해서 정리해 보면 이 시간에 축구공을 찾아가기 위해 벨을 누를 사람은 너희 초등학교 학생들뿐이잖니?"

할머니의 설명을 들은 성범이는 입이 떡 벌어졌고 한참을 다물지 못했다. 품고 있던 의문이 모두 풀리는 듯했다. 성범이는 두 엄지손가락을 치켜세우며 외쳤다.

"우아! 할머니 뭐 하시는 분이세요? 꼭 책에 나오는 명탐정 같아요."

"탐정? 그래. 어쩌면 그렇게 보일 수도 있겠구나."

탐정이라는 말에 고개를 끄덕이며 웃는 할머니의 모습에 성범이는 할머니의 정체가 더욱더 궁금해졌다.
"진짜 너무 궁금해요!"
할머니는 기대 반 궁금증 반으로 가득 찬 성범이를 쳐다보며 말했다.
"탐정은 아니고, 나는 통계학자란다."
생각지도 못한 '통계'라는 말에 성범이는 고개를 갸우뚱했다. 아무리 생각해도 추리와 통계의 공통점을 찾을 수가 없었다.
"통계가 탐정이랑 무슨 상관이 있어요?"
성범이의 물음에 할머니는 반짝반짝 빛나는 은색 머리카락을 쓸어 넘기며 말했다.
"명탐정이 범인을 찾는 모습을 떠올려 보렴. 탐정은 범인을 찾기 위해 범인의 주변 환경과 행동을 꼼꼼하게 살펴 여러 증거 자료들을 수집하잖니. 그렇게 자료를 모은 후에 그것을 정리하고 분석해서 누구도 알지 못하는 범인의 정체를 밝혀내지."
성범이는 여전히 모르겠다는 얼굴로 되물었다.
"그런데요?"
"통계학자도 이와 비슷한 일을 한단다. 우리 주변에 있는 다양한 정보들을 수집하고 정리, 분석해서 사람들의 삶에 도움이 되는 지식을 찾아내는 사람이라고 할 수 있지. 통계를 통해 우리는 세상에 어떤 일이 일어나고 있는지를 알 수 있고, 또한 앞으로 무엇이 일어날지를 예측할 수 있는 거지. 통계가 없다면 우리는 세상이 어떻게 움직이는지 이해할 수 없을 거다."

성범이는 자신도 모르게 무릎을 치며 소리쳤다.

"아하! 그렇군요!"

"병원에서 몸이 아픈 이유를 찾는 방법에서부터 너희 집이 올해 여름에 피서를 떠날 장소를 결정하는 것까지, 통계가 사용되지 않는 부분은 세상 어디에도 없단다."

할머니의 설명을 듣고 보니 정말 그런 것 같았다. 뉴스에서도 통계를 많이 사용했던 것 같고. 모든 것에 통계가 필요하다는 할머니의 말에 성범이의 눈이 반짝 빛났다.

"그러면 혹시 축구에도 통계가 필요한가요?"

할머니는 성범이가 들고 있는 축구공을 한 번 보더니 손으로 골대를 그리며 말했다.

"당연하지. 승부차기를 생각해 보렴. 프로 축구단의 골키퍼는 상대편 선수가 주로 어느 쪽으로 공을 차는지를 매일 기록하고 공부한단다. 그 사람이 주로 차는 쪽으로 몸을 날리면 공을 막을 확률이 높기 때문이지. 반대로 공을 차는 사람은 골키퍼가 어느 방향으로 몸을 더 많이 날리는지 정보를 수집한단다. 그래야 그 방향을 피해 공을 날릴 수 있으니까. 이 모든 게 전부 통계란다."

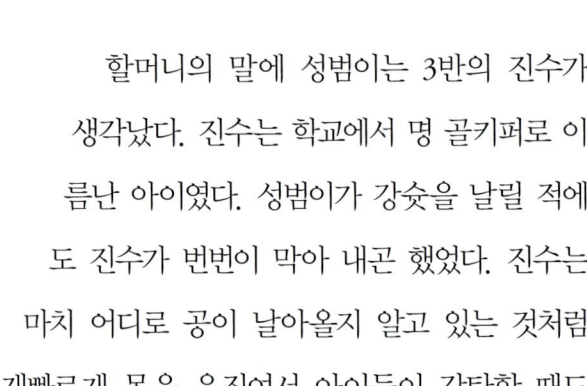

할머니의 말에 성범이는 3반의 진수가 생각났다. 진수는 학교에서 명 골키퍼로 이름난 아이였다. 성범이가 강슛을 날릴 적에도 진수가 번번이 막아 내곤 했었다. 진수는 마치 어디로 공이 날아올지 알고 있는 것처럼 재빠르게 몸을 움직여서 아이들이 감탄할 때도 많았다. 그리고 보니 진수는 자기 반 경기가 아닌데도 다른 반 축구 시합에서 아이들이 승부차기를 할 때마다 수첩에 무언가를 적었다. 성범이는 진수 실력의 비밀을 이제야 알 수 있을 것 같았다.

"할머니! 유리창 깬 거 용서해 주셔서 정말 고맙습니다. 또 통계에 대해 알려 주셔서 감사해요. 덕분에 이번 축구 대회에서는 저희가 꼭 이길 수 있을 것 같아요!"

"그래. 열심히 연습해서 꼭 우승하도록 해라."

환하게 웃는 성범이에게 할머니가 응원하며 공을 내줬다. 성범이는 현관 문 밖으로 나서다 무언가 생각난 듯 뒤를 바라보며 외쳤다.

"할머니! 가끔 궁금한 게 생기면 또 놀러 와서 물어봐도 돼요?"
할머니도 손을 크게 흔들며 대답했다.
"그러렴. 언제든지 와도 좋단다."

통계학자 셜록 홈즈

여러분은 가끔 만화나 소설에서 명탐정이 전혀 예상 못 한 범인의 정체를 척척 맞히는 걸 봤을 것입니다. 도대체 명탐정은 어떻게 해서 아무도 찾지 못하는 범인의 정체를 알 수 있을까요? 그 비결은 바로 '통계'입니다. 세계 제일의 명탐정으로 알려진 셜록 홈즈는 이런 말을 합니다.

"우리는 한 사람의 행동을 예측할 수는 없어도
평균적인 사람들의 행동을 정확하게 말할 수는 있지.
사람은 다양하지만 확률은 일정한 거야.
이것이 바로 통계야." -《네 개의 서명》 중

조금 복잡해 보이는 이 말의 뜻은 사실 크게 어렵지 않습니다. 우리는 사람의 속마음을 정확히 알 수 없지요. 따라서 그 사람이 앞으로 무엇을 할지 예측하기 힘듭니다. 하지만 만일 그 사람을 둘러싼 주변의 다른 여러 조건들이 무엇인지를 알게 된다면 그 사람이 앞으로 무엇을 할지 어렵지 않게 예상할 수 있답니다.

예를 들어 볼까요? 성범이는 월요일부터 금요일까지 매일 저녁 6시에 학원을 갑니다. 오늘은 화요일입니다. 그러면 오늘 저녁 6시에 성범이는 어디에 있을 가능성이 높을까요? 우리는 성범이의 속마음을 알지 못할지라도 성범이가 오늘 저녁에 어디에 있을지 추리할 수 있습니다. 그동안 성범이의 행동을 꾸준히 관찰하거나 성범이에 대한 자료를 모은 사람이라면 누구나 알 수 있는 것이지요. 반대로 만일 이때 성범이가 학원에 가지 않았다면 성범이에게 평소와 다른 이상한 일이 생긴 것을 추리할 수 있겠죠. 탐정이 사건을 수사하는 것은 이렇게 통계 자료를 기초로 하는 것입니다. 그러므로 명탐정은 어떻게 보면 다들 통계학자이기도 합니다.

일기예보를 보지 않고도 내년의 날씨를 대강 예측할 수 있습니다. 여름에는 덥고 겨울에는 춥다는 것을 말이지요. 또 겨울이 유독 추울 것이란 기사가 나오면, 우리는 이러한 정보를 통해 사람들이 이번 겨울에는 따뜻한 겉옷을 많이 살 것이라는 것 또한 짐작할 수 있습니다. 그러면 의류 회사들은 그 통계를 참고해서 날씨와 기온에 맞는 옷을 만들어 팔 것입니다. 날씨에 대한 예측이 의류 사업으로까지 확대되는 것이지요.

생각보다 참 간단해 보이지요? 지금은 누구나 예측할 수 있는 내용이지만 이러한 것들을 알게 된 것은 오래전부터 많은 사람들이 과거의 날

씨 정보들을 꼼꼼히 수집해서 정리해 놓았고, 이를 통계적으로 분석했기 때문입니다.

이뿐만이 아닙니다. 의학, 경제학, 과학을 비롯한 우리가 알고 있는 거의 모든 지식들 또한 통계를 통해 알게 된 것입니다. 배가 아픈 경우는 대부분 음식을 잘못 먹은 탓이라든가, 경제가 어려우면 저축이 줄어들고 사람들이 물건을 많이 사지 않는다는 사실들이 그렇습니다. 의사나 경제학자들은 이러한 통계를 바탕으로 사람들을 치료하거나 국가의 경제 정책 방향을 세웁니다.

이렇게 통계는 사회에서 벌어지는 여러 현상들에 대해 자료를 수집하고 분석해, 객관적이고 과학적인 정보를 제공합니다. 그래서 앞으로 사람들이 무엇을 해야 하고, 무엇을 하지 않아야 할지에 대해 합리적인 근거를 제시해 주는 매우 중요한 일입니다. 다양한 정보가 흘러넘치는 정보화 시대에 정보를 다루는 통계에 대한 관심은 꼭 필요하겠죠?

선거는 어려워

 시계를 본 성범이는 깜짝 놀랐다. 어제 축구 연습을 오래 해서인지 평소보다 30분이나 늦게 일어났기 때문이다. 덕분에 성범이는 아침밥 대신 엄마의 잔소리를 들으며 헐레벌떡 학교로 뛰어갔다. 간신히 지각을 면한 성범이가 교실로 향하는데, 학교 게시판에 아이들이 우르르 몰려 있는 게 보였다. 성범이의 친한 친구인 정석이도 있었다. 정석이는 게시판에서 무엇을 봤는지 싱글벙글 계속 웃고 있었다.

 "야! 윤정석. 뭐가 좋아서 그렇게 웃고 있어?"
 "이제야 왔는가, 친구! 난 드디어 깨달았지."
 "뭘 말이야?"

"내가 엄청나게 인기가 많다는 걸 말이야. 음하하하!"

정석이는 과장스럽게 양팔을 벌리고는 능청맞게 웃었다.

"오늘 날씨가 더운 것도 아닌데, 너 더위 먹었어? 왜 이상한 소리를 하고 그래?"

"어허! 이상한 소리라니."

"야, 쓸데없는 소리 하지 말고 무슨 일인지 빨리 말해 봐."

성범이가 웃지 않고 정색을 하자 정석이도 재미없다는 듯 평소의 표정으로 돌아왔다.

"에잇, 멋도 유머도 없는 녀석! 다른 게 아니라 게시판에 2학기 전교 학생 회장 뽑는다는 공고가 났어."

"그래서?"

"그래서는 뭐가 그래서야! 출마하려고."

"뭐라고?"

성범이는 정석이가 5학년 전교 학생 회장 후보에 나간다는 말에 깜짝 놀랐다. 물론 정석이가 인기가 없는 편은 아니었다. 유쾌한 정석이를 주변 친구들은 다 좋아했다. 하지만 현재 5학년 전교 학생 회장인 수연이의 인기에 비하면 상대도 되지 않았다. 정석이는 주로 남자들한테 인기가 있었지만 수연이는 남자와 여자 모두에게 골고루 지지를 받고 있기 때문이다. 게다가 1학기에 수연이한테 회장 자리를 빼앗긴 동준이도 정석이보다는 인기가 많았다.

"수연이랑 동준이는 안 나온대?"

"걔네가 나와도 충분히 이길 자신 있어."

"너, 도대체 뭘 믿고 그러는 거야?"

자신만만한 정석이의 대답에 성범이가 조금 어이가 없다는 듯이 물었다. 그러자 정석이는 뒷짐을 한 채 헛기침을 하며 말했다.

"에헴! 바로 여론 때문이지."

"뭐라고? 여론?"

성범이가 황당한 표정으로 묻자 정석이는 옆에 있는 석훈이에게 물었다.

"그래. 여론! 야, 석훈아! 너 이번 전교 회장 선거에서 누구 찍을 거야?"

"당연히 정석이 너지."

"그렇지? 준호 너는?"

"나도 정석이 찍을 거야."

"나도 나도."

준호가 대답하자 준호의 친한 친구인 민호도 정석이를 찍겠다고 했다. 그 말을 들은 정석이가 다시 어깨를 으쓱거리며 성범이에게 물었다.

"봤지? 성범이 넌 누구 찍을 건데?"

"그야 나도 네 친구니까 네가 나가면 너를 찍겠지만……."

"이제 알겠지? 여론은 내 편이라니까. 하하하."

정석이는 고개를 젖히고 하늘을 향해 큰 소리로 웃었다. 하지만 성범이는 그런 정석이가 걱정스러워 고개를 갸우뚱거렸다.

"그건 아닌 것 같아. 우리야 원래 같은 반이니까 너를 찍을 수 있다 쳐. 그런데 다른 반 애들도 널 찍겠어?"

"별걱정을 다하는군! 벌써 물어봤다네, 친구! 심지어 수연이네 반 민석이도 나를 찍겠다고 했는걸."

자신감이 하늘을 찌를 듯한 정석이를 보며 성범이는 답답해서 소리쳤다.

"야! 민석이는 너랑 같은 아파트 살고 학원도 같이 다니는 친구잖아."

"그게 어째서? 됐네, 이 친구야. 나는 이미 마음을 굳혔으니 더 이상 나를 괴롭히지 말아 줘. 너는 그냥 조용히 나를 뽑기만 하면 돼."

정석이는 더 이상 성범이의 잔소리가 듣기 싫으니 저리 가라는 듯 손을 내젓더니 석훈이와 준호와 함께 교실로 올라갔다.

그날부터 정석이는 선거 운동에 매달리기 시작했다. 친구들과 함께 매번 새로운 아이들을 소개받고 인사를 하러 다녔다. 성범이는 당선될 가능성이 없다며 말렸지만 정석이는 들은 척도 하지 않았다. 새로 알게 된 아이들에게는 떡볶이와 튀김을 사 주기도 했다.

덕분에 용돈도 금방 떨어져 친구들에게 돈도 여러 번 빌렸다.

성범이는 이대로는 안 되겠다고 생각했다. 하지만 정석이를 설득할 좋은 방법이 떠오르지 않았다. 그러다가 문득 통계학자 할머니가 떠올랐다. 할머니는 통계 자료로 미래를 올바르게 예측할 수 있다고 했다. 다행히 할머니는 성범이에게 언제든지 놀러 와도 좋다고 했다. 마음을 굳힌 성범이는 할머니 집으로 찾아갔다.

할머니는 환하게 웃으며 성범이를 반갑게 맞아 줬다.

"오랜만이구나! 그래, 오늘은 무슨 고민으로 왔니?"

"와! 할머니 제가 고민이 있는지 어떻게 아셨어요? 그것도 통계로 알 수 있는 건가요?"

고민이 있다는 것을 들킨 성범이가 놀라서 물었다.

"글쎄다. 저기 있는 거울을 좀 보렴. 걱정이 잔뜩 끼어 네 얼굴이 찌푸려져 있구나. 그걸 보면 누구라도 알지 않을까? 하긴 통계적으로도 얼굴을 찌푸리고 다니는 사람 중에 고민을 가진 사람이 많기는 할 것 같구나."

할머니의 말에 거울을 본 성범이는 그제야 자신의 표정이 시무룩하다는 것을 알 수 있었다.

"할머니 말씀이 맞아요. 전 지금 머리가 터질 것 같아요. 제발 제 친구 좀 말려 주세요."

"무슨 일인데 그러니?"

 성범이는 할머니에게 지금까지 있었던 일을 이야기하며 마지막으로 한마디 덧붙였다.
 "정석이랑 같이 다니는 애들 말을 들어 보면 정석이가 진짜 인기가 많은 것 같기도 해요. 그래서 더 이상은 말리지 못하겠더라고요. 혹시 좋은 방법이 있을까요?"
 이야기를 다 들은 할머니는 미소를 지으며 고개를 끄덕거렸다.

"'좋은 과일을 고르는 방법'만 알면 해결될 수 있단다."

"그게 무슨 소리예요? 좀 더 자세하게 알려 주세요."

영문 모를 소리에 성범이가 눈을 동그랗게 뜨고 물었다.

"지금부터 설명해 줄 테니 내일 친구한테 가서 내가 가르쳐 준 대로 설득해 보렴."

다음 날 아침이 되었다. 성범이는 아침 일찍부터 선거 운동을 하려는 정석이의 앞을 가로막고 섰다. 한동안 실랑이 끝에 결국 정석이가 성범이의 의견에 따르기로 했다.

"성범이 네 말대로 하면 정말로 더 이상 나를 말리지 않겠다 이거지?"

"그래. 지난번 네가 말한 대로 여론의 뜻에 따를게."

잠시 생각하던 정석이가 고개를 끄덕였다.

"그럼 다시 한 번 확인할게. 교문 앞에서 기다리다가 1반부터 8반까지 남자건 여자건 상관없이 한 반당 처음 만나는 네 명한테만 의견을 물어봐서 그 결과에 따르자는 거지?"

"맞아. 너는 직접 선거에 나가는 후보니까 나서지 말고 뒤에 있으면서 내가 물어보는 것만 확인해."

성범이의 말에 정석이는 자신 있다는 듯이 고개를 끄덕였다. 의견 일치를 본 둘은 교문 앞에서 다른 친구들이 등교하는 것을 기다렸다. 조금 있자 1반 아이 두 명과 3반 아이 한 명 그리고 수연이네 반인 5반 아이 한 명이 함께 교문을 들어섰다. 성범이는 아이들에게 빠른 걸음으로 다가갔다.

"얘들아! 잠깐 조사할 게 있어서 그러는데 나 좀 도와줄래?"

"뭔데?"

성범이의 물음에 아이들은 발걸음을 멈추고 쳐다보았다.

"이번 5학년 전교 학생 회장 선거에서 누굴 회장으로 뽑을 건지 혹시 말해 줄 수 있니?"

"난 수연이 뽑을 거야."

"나도 수연이."

"나도 수연이 뽑을 거야. 지난번에 수연이가 남자만 사용하던 축구 골대를 여자도 똑같이 사용할 수 있게 했거든. 난 그런 게 마음에 들어."

3반 아이가 수연이라고 말하자 1반 아이 두 명도 동시에 수연이를 뽑겠다고 말했다. 하지만 수연이네 반 아이는 수연이도 정석이도 아닌 동준이를 꼽았다.

"이번에는 바뀌는 게 좋을 것 같아서 나는 동준이를 뽑을 거야."

아이들이 지나가자 성범이는 정석이가 있는 곳으로 와서 첫 번째 여론 조사 결과를 알려 줬다. 자기를 뽑겠다는 사람이 한 명도 없자 정석이의 얼굴이 맛없는 과자를 씹은 것처럼 변했다.

그때 다시 아이들이 교문으로 들어왔다. 이번에는 정석이네 반 아이들 네 명이었다. 결과는 정석이 세 표, 수연이 한 표였다. 결과를 들은 정석이의 표정이 금세 밝아졌다.

"그것 봐, 내 인기가 이 정도라고. 만장일치가 안 나온 게 좀 이상하네."

하지만 정석이의 표정이 밝아진 것은 그때가 마지막이었다. 이후로 지나가는 아이들의 의견은 대체로 비슷했다. 네 명씩 나눠 보면 수연이를 뽑겠다는 사람은 세 명에서 두 명 정도였고, 동준이는 두 명에서 한 명, 정석이는 거의 표가 나오질 않았다. 어쩌다 가물에 콩 나듯 한 표씩 나오긴 했지만 그건 정석이와 같은 아파트에 살거나 같은 학원에 다니는 아이의 표였다.

여론 조사가 끝나갈 때쯤 정석이의 표정은 어두워져 있었다. 결과는 처음에 대답한 아이들의 비율과 비슷했다. 총 서른두 명 중 수연이를 뽑겠다는 아이들이 열여덟 명, 동준이를 뽑겠다는 아이들이 아홉 명, 정석이를 뽑겠다는 아이들이 다섯 명이었다. 그때였다. 정석이의 눈에 같은 반 아이들이 등교하는 게 보였다.

"성범아, 쟤들한테도 다시 물어봐. 쟤들은 분명히 나를 지지할 거란 말이야."

"그렇게 해서는 안 돼. 이미 우리 반 아이들의 몫은 다 조사했단 말이야."

성범이의 단호한 말에 정석이가 물었다.
"그게 무슨 소리야?"
"시장이나 마트에서 과일을 살 때 맨 위에 있는 과일만 보고 나머지를 보지 않으면 안 된다는 말이야. 과일 가게 주인들은 보통 맨 위에 제일 큰 과일만 놔두기 때문에, 그것만 보고 샀다간 그 아래 있는 작은 과일도 함께 사게 되지. 큰 과일만 골라 사려면 직접 골라도 된다는 허락을 받고 속까지 살펴 보고 사

야 하는 거야."

"엥? 여론 조사랑 그게 무슨 상관이야?"

"그러니까, 정확한 예측을 하기 위해서는 자기가 보고 싶은 자료만 보면 안 된다는 거야. 너는 이제까지 친한 친구나 같은 학원에 다니는 아이들한테만 의견을 주로 들었어. 하지만 그게 정말 객관적인 의견일까? 너를 모르거나 친하지 않은 친구들도 너를 지지하는 것이 확실할까?"

성범이의 물음에 정석이는 뭐라 대꾸할 말이 없었다. 솔직히 지금까지 자기와 친하지 않은 친구들의 의견을 귀담아들은 적이 별로 없었던 것 같았다.

"좋아, 결과를 인정하겠어. 하지만 이렇게 적은 수의 사람을 조사해서 얻은 결과를 과연 믿을 수 있는 걸까?"

"물론, 객관적인 조건에서 더 많은 사람을 조사할수록 더 정확한 결과가 나오긴 하지. 하지만 무조건 숫자를 많이 한다고 해서 좋은 건 아냐."

"왜 그런 거야?"

"예를 들어 우리 반 아이들 마흔 명만 조사한다고 해 보자. 이럴 경우 숫자는 방금 우리가 조사한 서른두 명보다 많지만 그 아이들의 의견이 객관적이라고 할 수 있을까?"

"그건 아닐 거야. 우리 반 아이들은 대체로 나와 친하니까 말이야."

"그래. 이 경우는 숫자가 많아도 오히려 결과를 이상하게 만들 수 있지. 그러니까 공정하게 조사를 하려면 너를 모르는 사람들을 포함시켜서 조사하는 게 좋아."

"그래도 너무 적지 않을까?"

"아니. 이 정도로도 결과를 예측하는 것은 어렵지 않아."

"그런가?"

"그건 비슷한 정보를 가지고 있을 때 사람들이 행동하는 것이 대체로 비슷하기 때문이야. 모든 사람들에게 물어보지 않더라도 여름에 산이나 바다로 피서를 가는 사람들의 비율이 매년 일정한 것도 이와 마찬가지야. 음식의 간을 보기 위해서 음식 전체를 맛볼 필요는 없는 거지."

성범이의 설명이 끝나자 정석이가 고개를 크게 끄덕였다.

"알았다, 친구. 출마를 포기하도록 하지. 다만……"

"다만 뭐?"

"내가 선거 유세하느라 이번 달 용돈을 다 썼으니까 떡볶이는 네가 사라고."

"좋아, 떡볶이는 내가 살게. 수업 끝나고 바로 가자."

▶통계, 더 알고 싶어!

여론 조사 기관 갤럽의 탄생

　대통령이나 국회의원을 선출하는 선거는 매우 중요한 나랏일입니다. 어떤 사람이 대통령이나 국회의원으로 뽑히느냐에 따라 국민들의 생활에 많은 영향이 미치기 때문입니다.
　사람들은 선거가 시작되기 전부터 누가 대통령이나 국회의원이 될지 궁금해합니다. 그래서 나온 것이 여론 조사입니다. 여론 조사란 선거 전에 소수의 사람들을 뽑아 그 사람들의 대체적인 의견을 듣는 것입니다. 하지만 여기에는 주의해야 할 점이 있습니다. 그것은 설문에 응답할 사람들을 반드시 어떤 규칙성이 없이 무작위로 뽑아야 한다는 점입니다.
　1936년, 대공황이라는 심각한 경제 위기를 겪던 미국에서 대통령 선거가 한창 진행되고 있었습니다. 주로 서민층이 지지하던 민주당의 루즈벨트와 부유층이 지지하던 공화당의 랜던 후보가 대결하고 있었습니다. 나라의 운명이 걸린 만큼 많은 여론 조사 기관들은 누가 대통령이 될지에 촉각을 곤두세웠습니다. 이때 〈리터러리 다이제스트〉라는 잡지사에서 엄청난 비용을 들여 설문 조사를 했습니다. 전화번호부와 자동차등록부에 등재된 사람들의 주소를 보고 천만 명에게 엽서를 보냈고, 그중 240만 명

의 대답을 들어 결과를 분석했습니다.

분석 후, 이 잡지사는 자신만만하게 공화당의 랜던이 여유 있게 승리할 것이라는 예측을 내놓았습니다.

하지만 갤럽이라는 한 젊은 통계학자의 생각은 전혀 달랐습니다. 이 통계학자는 잡지사와 방법을 달리해서 약 5만 명의 인원만을 선별해 여론 조사를 진행했습니다. 조사 결과 갤럽은 민주당의 루즈벨트가 압도적으로 당선될 것을 예측했습니다. 그리고 실제 선거 결과는 갤럽의 예측대로 루즈벨트의 압도적인 승리로 끝났습니다. 여론 조사 사상 최대의 오차를 낸 이 잡지사는 그 후 점차 회사 형편이 어려워지게 되었습니다. 반대로 갤럽은 승승장구하게 되어 마침내 세계 최대의 여론 조사 기관인 '갤럽'을 설립했고 지금까지 여론 조사 기관의 대표 회사로 자리 잡게 되었습니다.

그런데 왜 갤럽에 비해 스무 배나 더 많은 사람에게 설문 조사를 한 잡지사의 예측이 틀렸을까요? 그 이유는 이렇습니다. 1936년 당시의 미국에 전화나 자동차를 가지고 있는 사람은 부유층에 해당하는 사람들이었습니다. 그러므로 전화번호부나 자동차등록부에 주소가 실린 사람들에게 엽서를 보낸다는 것은 결국 부유층들에게만 설문 조사를 실시한 것이나 마찬가지였던 것입니다. 당시 부유층의 대부분은 공화당을 지지하고 있었습니다. 그러니 설문 조사 결과가 공화당 쪽으로 나온 것은 당연했습니다.

하지만 갤럽의 방법은 달랐습니다. 갤럽은 설문을 보낼 때 미국인의 가계 소득 비율에 맞추어 부유층과 중류층, 하류층에 골고루 설문을 보내 조사를 했습니다. 다시 말해 〈리터러리 다이제스트〉 잡지사는 시장에 쌓인 과일을 맨 윗부분만 보고 판단을 한 것이고, 갤럽은 맨 위에 하나, 중간에 하나, 맨 아래에 하나씩을 뽑아 조사한 것입니다. 이런 방법을 '할당 추출법'이라고 합니다. 둘 중 어느 방법이 과일의 전체적인 품질을 더 정확히 판단할 수 있는지 알겠지요?

더 생각해 보기

❶ 처음에 정석이는 왜 자신이 전교 회장으로 당선될 것이라고 생각했을까요? 정석이의 생각이 학교 아이들의 전체적인 생각과 다른 이유는 무엇일까요?

❷ 정석이와 성범이는 요즘 초등학생들이 가장 좋아하는 스포츠가 무엇인지 설문 조사를 해서 알아 보려고 합니다. 다음 중 어느 곳에서 설문 조사를 하는 것이 가장 정확한 통계 결과를 가져올까요?
① 야구장   ② 축구장   ③ 탁구장   ④ 여의도 광장

모범 답안은 136쪽에 있습니다.

통계적으로 생각하기

많은 사람들이 다양한 생각을 가지고 있을 때, 사람들 생각에 대한 정확한 통계 자료를 구하기 위해서는 특정 집단 사람들의 생각만 조사하는 것이 아니라, 조사 대상을 인구 비율 등에 맞추어 설정하고, 그들의 의견을 골고루 들어 보아야 한다.

토끼를 구해 줘!

"정수진! 오늘부터 일주일간 네가 당번인 거 알지?"

"응."

"그럼 수업 끝나고 꼭 청소하고 가야 해."

"걱정하지 마. 내가 얼마나 당번이 되기를 기다렸는데."

청소 당번이라는 소리에 수진이의 얼굴에 웃음이 가득 찼다. 사실 다른 아이들이 모두 집에 간 뒤에 홀로 남아 청소를 해야 하는 건 그리 즐거운 일은 아니다. 하지만 수진이가 당번이 되었다며 웃는 이유는 따로 있었다. 수진이가 청소해야 할 구역이 교실이 아니라 특별한 곳이기 때문이었다. 그곳은 바로 학교 뒤뜰에 있는 자그마한 토끼 사육장이었다.

얼마 전 길 잃은 애완 토끼 한 마리가 느닷없이 5학년 7반 교실로 들어왔다. 주인을 찾아봤지만 학교 안에 토끼의 주인은 없었다. 귀엽게 생긴 토끼를 보자마자 아이들은 좋아서 환호성을 질렀다. 토끼 주변으로 몰려든 아이들을 보고 선생님은 얼른 토끼의 두 귀를 잡고 들어 올렸다.

"이상하네, 어디서 토끼가 들어왔을까? 아무튼 선생님이 데리고 나갈 테니 너희는 하던 공부를 계속 하렴."

선생님이 토끼를 데리고 나가려 하자 아이들이 걱정스러운 눈으로 물었다.

"토끼를 어디로 데려가는 거예요?"

"글쎄다. 불쌍하긴 하지만 보건소에 데려다줘야겠지."

보건소라는 말에 성범이가 소리를 질렀다.

"안 돼요! 거기 가면 죽는단 말이에요!"

귀여운 토끼가 죽을 거라는 성범이의 말에 아이들도 덩달아 안 된다며 소리쳤다. 하지만 선생님은 어쩔 수 없다는 표정을 지었다. 그때 회장이 일어나서 말했다.

"선생님, 우리가 학교에서 기르면 안 될까요? 다른 학교에는 사육실이 있어 토끼 같은 작은 동물들을 기른다고 하던데요. 작은 동물을 돌보는 것이 우리들의 정서 발달에도 좋대요."

회장의 말에 아이들은 자기들이 당번을 맡아 토끼를 돌보겠다며 선생님을 졸라 댔다. 보건소에 데려간다고 하긴 했지만 선생님도 토끼가 안쓰러웠던 것은 마찬가지여서 잠시 고민을 하더니 아이들에게 물었다.

"너희들, 정말로 책임감을 가지고 잘 기를 수 있니?"

"네!"

성범이와 아이들이 교실이 무너질듯 큰 소리로 외쳤다.

그 후부터 7반 아이들은 길 잃은 토끼에게 '알콩이'란 이름까지 붙여 주며 함께 키우기 시작했다. 알콩이가 학교의 스타가 된 것도 그 무렵이었다. 아이들은 알콩이를 껴안고 사진 찍기를 좋아했다. 그렇게 찍은 사진을 SNS에 올리면 인기 폭발이었기 때문이다. 사람들은 알콩이와 함께 찍은 사진을 보면 '좋아요'를 아낌없이 눌러 줬다. 다른 사진을 올릴 때보다 '좋아요'가 몇 배나 많았다. 사정이 이렇다 보니 다른 반 아이들도 알콩이와 사진을 찍고 싶어 줄까지 서게 되었다.

아이들이 사육장에 너무 많이 몰리자 선생님은 당번이 아니면 알콩이 곁으로 가지 못하게 했다. 너무 많은 사람이 만지면 토끼가 스트레스를 받을 수 있다는 게 이유였다. 그러니 알콩이를 안고 사진을 찍고 싶어 하던 수진이가 당번이 되기를 기다린 건 너무나 당연했다.

그런 수진이에게 옆 반 진우와 현식이가 달려와서 말했다.

"수진아. 지난번 약속 잊지 않았지? 네가 당번이 되면 우리도 알콩이 만지게 해 준다고 했잖아."
"좋아, 하지만 딱 너희 둘만이야. 다른 애들은 안 돼!"

진우와 현식이가 그러겠다며 동시에 고개를 끄덕였다. 알콩이와 사진 찍을 생각에 벌써부터 신이 난 모양이었다.

수업이 끝나자 수진이와 두 아이는 사육장의 문을 열고 알콩이에게 다가갔다. 그러고는 차례대로 알콩이를 안고 사진을 찍었다. 집으로 돌아온 뒤, 진우와 현식이는 바로 자기의 SNS에 사진을 올렸고, 예상대로 둘의 사진은 평소보다 반응이 뜨거웠다. 진우와 현식이의 엄마도 사진을 보고는 알콩이가 귀엽다며 좋아했다.

학교에 난리가 난 것은 그로부터 이틀 뒤였다. 진우와 현식이네 엄마를 비롯해서 둘과 늘 함께 놀던 몇몇 아이들의 엄마까지 교무실로 찾아와 선생님에게 마구 항의하고 있었다.

"선생님! 글쎄, 애 팔 좀 보세요. 피부가 벌겋게 다 올라왔잖아요."

"우리 애도 마찬가지예요. 얘는 배랑 등에까지 물집이 생겼다니까요."

"학교에서도 왜 그렇게 된 것인지 원인을 조사하겠습니다. 그러니 조금만 기다려 주시면 고맙겠습니다."

피부병의 원인을 찾아본다는 선생님의 말에 진우 엄마가 벌떡 일어나며 화를 냈다.

"기다리긴 뭘 기다려요? 보면 몰라요?"

"그게 무슨 말씀이시죠?"

선생님이 알 수 없다는 표정을 짓자 엄마들이 답답하다는 듯 소리쳤다.

"토끼잖아요, 토끼. 우리 아들은 며칠 전까지 멀쩡하다가 학교 사육장에서 기르는 토끼를 안고 사진 찍은 다음 날부터 피부가 붉어지고 부풀어 올랐다고요."

"맞아요. 우리 현식이도 그날부터였어요."

엄마들의 항의를 들은 선생님은 곤란한 얼굴로 쩔쩔맸다.

"그러니까……, 토끼한테 진우와 현식이가 피부병이 옮았고, 그게 그 둘과 함께 놀던 다른 아이들에게까지 퍼졌단 말씀이신가요?"

"그렇지 않겠어요?"

교무실에서 벌어지는 소동을 지켜 본 회장이 헐레벌떡 교실로 돌아와 비상 학급 회의를 소집했다.

"얘들아, 큰일 났어. 잘못하면 알콩이가 죽을 수도 있어."

"뭐라고? 왜?"

"그게 말이야, 진우랑 현식이가 알콩이를 안고 사진 찍었는데, 피부병이 생겼나 봐. 그런데 그 피부병이 걔네랑 같이 놀았던 친구들한테까지 퍼졌대. 지금 걔네들 피부가 말이 아니래. 그래서 걔네 엄마들이 교무실로 찾아와서 선생님한테 알콩이를 보건소로 보내 없애라고 소리치고 있어."

아이들이 웅성거렸다. 만일 회장의 말대로 알콩이가 병을 옮겼다면 보건소로 가는 것을 막을 수 없기 때문이었다.

"이제 어떡해. 진짜 그렇다면 어쩔 수 없잖아."

"알콩이가 너무 불쌍해."

정석이의 말에 소연이가 안타깝다는 듯이 발을 굴렸다. 그때였다. 교실 뒤쪽에서 큰 소리가 터져 나왔다.

"아냐! 알콩이는 절대로 아냐!"

놀란 아이들이 일제히 뒤쪽을 쳐다보았다. 다름 아닌 이번 주 알콩이 보호 당번이었던 수진이였다. 수진이는 아이들에게 자신의 팔목을 보여 주며 말했다.

"나는 걔네들보다 알콩이랑 더 오래 있었어도 병에 안 걸렸어."

"맞아. 나도 사실 어제 몰래 알콩이를 안고 사진 찍었는데 아무 일도 없었어."

눈치만 보던 지윤이도 수진이를 따라 자신의 팔을 보여 줬다. 아이들이 다시 웅성거리기 시작했다.

"그럼 뭐가 피부병의 원인인 거지?"

"몰라. 어쨌든 우리가 빨리 그 원인을 밝히지 않으면 알콩이가 위험해진다는 건 확실해."

수업이 끝나고 집으로 가던 성범이는 알콩이 생각에 마음이 아팠다. 성범이도 알콩이와 정이 많이 들었기 때문이다. 아무리 생각해도 알콩이가 피부병을 옮겼다는 건 믿을 수가 없었다. 알콩이를 살리기 위해서라면 어떻게든 빨리 원인을 찾아야 했다.

"디리리링~."

그때 주머니에서 휴대 전화가 울렸다. 통계학자 할머니였다. 정석이의 출마 사건 이후 성범이는 할머니와 많이 친해져서 자주 연락을 하고 지내는 사이였다. 성범이는 어쩌면 할머니가 알콩이 문제를 해결할 수 있을지도 모른다는 생각이 들었다. 전화를 받은 성범이는 할머니에게 그간의 사정을 이야기했다.

"……그러니까 똑같이 토끼를 만졌는데도 병에 걸린 아이가 있고 병에 걸리지 않은 아이들이 있다는 거지?"

"네. 맞아요."

"토끼를 만지지 않았어도 병에 걸린 아이들도 있고?"

"네. 토끼를 만진 건 진우랑 현식이뿐이에요. 성진이랑 태형이는 토끼를 만지지 않았어요."

"그러면 혹시 병에 걸린 아이들 사이에 다른 공통점은 없니?"

할머니의 물음에 성범이가 곰곰이 생각을 해 봤다. 그리고 보니 피부병에 걸린 네 명 모두 친한 사이였다. 늘 수업이 끝나면 함께 몰려다니며 농구를 하곤 했다. 할머니에게 이런 이야기를 하자 할머니가 잠시 생각해 보더니 대답했다.

"음, 내 생각엔 병의 원인이 아마도 다른 데 있는 것 같구나. 내일 그 친구들한테 가서 평소와 다른 행동을 한 것이 있는가 물어 보렴. 그게 해결의 실마리가 될 것 같아."

할머니와 통화를 마친 성범이는 집으로 돌아갔다.

다음 날 아침, 성범이는 등교하자마자 진우와 그 친구들에게 찾아갔다.

"야, 최진우. 너네 요 며칠간 평소에 하지 않던 특별한 행동 같은 거, 뭐 한 거 없어?"

"무슨 소리야?"

인사도 없이 다짜고짜 따지듯 묻는 성범이의 말투가 마음에 안 들었는지 진우는 퉁명스럽게 대꾸했다.

"피부병에 걸리기 전에 이상한 행동한 거 없냐고."

"글쎄. 알콩이랑 사진 찍은 거 말고 늘 하던 대로였는데."

"거짓말하지 말고 사실대로 말해."

"내가 왜 거짓말을 하는데?"

성범이가 다그치자 진우도 화가 났는지 일어나 소리를 쳤다. 둘의 목소리가 커지자 주변의 아이들이 둘을 말렸다. 하지만 성범이와 진우는 분이 안 풀려 서로를 노려보았다. 그때 옆에서 둘의 이야기를 듣고 있던 현식이가 무언가 생각난 듯이 조심스럽게 말했다.

"진우야, 혹시 그거 아닐까?"

"뭐?"

"그날 농구 끝나고 학교 수돗물이 안 나와서 우리 모두 학교 뒤쪽에 있는 공사장 수돗가에서 세수했잖아."

"그게 뭐 어때서?"

아이들의 대화를 들은 성범이가 답답한 듯이 말했다.

"너네 바보냐? 건물 짓던 사람이 도

망가서 공사 멈춘 게 일 년이 넘었는데, 뭘 믿고 공사장 물을 쓴 거야?"

"자자, 지금 이렇게 싸울 때가 아냐. 더 늦으면 알콩이가 위험할 수도 있다고. 빨리 선생님한테 말하자."

회장은 둘의 다툼을 말렸다. 성범이와 진우도 알콩이 생각에 싸움을 멈추고 선생님에게 달려갔다. 이야기를 들은 선생님은 바로 지역 보건소에 연락해 공사장의 물을 조사해 달라고 요청했다.

며칠 후 조사 결과가 나왔다. 공사장의 물은 임시 물탱크에서 나오던 것이었는데, 일 년 넘게 탱크 안에서 고여 있어 물이 변질된 것이었다. 예상대로 알콩이에게는 아무런 문제가 없었다.

공사장 물탱크는 얼마 지나지 않아 철거되었다. 자기도 모르는 사이에 위기를 넘긴 알콩이는 그 후로도 여전히 학교에서 스타의 자리를 지킬 수 있게 되었고, 수진이를 비롯한 반 아이들은 알콩이를 구하기 위해 싸움을 마다하지 않고 끝까지 노력한 성범이에게 고마워했다.

> 통계, 더 알고 싶어!

전염병을 막은 통계

 사스와 에볼라, 메르스 같은 전염병은 수많은 사람의 생명을 위협하는 무서운 병입니다. 전염병이 발생했을 때에는 재빠르게 병의 원인을 찾아 격리하거나 치료해야 합니다. 만일 빠른 시일 내에 전염병의 원인을 발견하지 못하면 엄청난 피해가 발생할 수 있기 때문입니다. 콜레라 세균이 병을 일으키는 콜레라도 바로 그런 사례입니다. 콜레라는 한번 걸리면 치사율이 무려 50~70%에 이르는 아주 위험한 전염병입니다.

 19세기 영국에서는 이렇게 무서운 콜레라가 무려 네 번이나 발생해 수많은 사람들의 생명을 앗아갔습니다. 사람들은 피해를 방지하기 위해 콜레라의 원인을 찾으려 애를 썼습니다. 하지만 그때는 아직 세균의 존재를 알지 못했으므로 콜레라가 정확히 어떻게 전염되는지 알 수 없었습니다.

 당시 가장 유력한 주장은 콜레라가 오물에서 발생하는 나쁜 냄새에 의해 전염되므로 나쁜 공기를 제거해야 한다는 것이었습니다. 그래서 사람들은 거리에 쌓인 오물들을 모두 강물에 흘려보냈습니다.

하지만 그런 노력에도 콜레라 환자는 더욱 늘어서 나중에는 무려 7만 명이나 되는 사람이 콜레라 때문에 사망하게 됩니다.

이때 존 스노라는 젊은 마취 의사가 콜레라 전염 원인이 나쁜 공기라는 주장에 대해 의문을 품었습니다. 만일 콜레라가 공기로 전염되는 것이라면 같은 공기를 마시는 사람들은 모두 병에 걸려야 할 텐데 그렇지 않았기 때문입니다.

스노는 그때부터 콜레라의 원인에 대해 조사하기 시작했습니다. 스노의 방법은 매우 단순했습니다. 먼저 콜레라로 생명을 잃은 사람들의 주변을 철저히 조사했습니다. 다음으로 동일한 상황에서 콜레라에 걸리는 사람과 걸리지 않는 사람들에게는 어떤

차이가 있는지를 비교, 분석해 지도 위에 통계로 된 사망자 숫자를 기록해 넣었습니다. 그리고 마침내 스노는 놀라운 발견을 하게 됩니다. 비슷한 생활을 하고 있던 사람들 중, 특정 급수 시설을 이용하고 있던 사람들의 사망률이 다른 급수 시설을 사용하는 사람들의 사망률보다 무려 여덟 배나 많다는 것을 발견한 것입니다.

콜레라 전염의 원인이 급수 시설이라는 것을 파악한 스노는 재빨리 자신이 정리한 통계 자료를 근거로 시청의 공무원에게 특정 급수 시설의 폐쇄를 요청합니다. 그 후 특정 급수 시설은 폐쇄되고 온 런던을 공포로 몰아넣었던 콜레라는 한풀 꺾이게 됩니다.

그로부터 30년 후, 독일의 세균학자 코흐가 콜레라 세균을 발견하고 그 세균이 물과 밀접한 관계를 맺고 있다는 것을 알아냄으로써 스노의 추측을 과학적으로 증명해 냈습니다. 스노는 세균이나 병리학에 대한 지식이 없었음에도 오직 통계의 힘으로 전염병을 막아 수많은 사람들의 소중한 생명을 구한 것입니다.

더 생각해 보기

❶ 진우의 엄마가 피부병의 원인으로 알콩이를 의심한 이유는 무엇 때문일까요? 그리고 수진이는 왜 알콩이가 피부병의 원인이

아니라고 생각했을까요? 두 이유를 함께 생각해 보세요.

❷ 학교에서 몇몇 아이들이 원인 모를 배탈이 났습니다. 배탈의 원인을 정확히 찾기 위해서는 어떤 것들을 조사해야 할까요?

모범 답안은 136쪽에 있습니다.

통계적으로 생각하기

통계를 사용해 질병의 원인을 찾기 위해서는 같은 조건 아래에서 병에 걸린 사람과 그렇지 않은 사람의 차이점을 찾아야 한다.

떡볶이를 부탁해

"그게 정말이야?"

밥을 먹던 소연이가 너무 놀라 숟가락을 놓쳤다. '딸그락' 소리와 함께 식탁 위로 숟가락이 떨어졌다. 자기 귀로 똑똑히 들었지만 정말 믿기 싫은 이야기였다. 소연이의 얼굴이 어두워지자 엄마도 작게 한숨을 내쉬었다. 하지만 어쩔 수 없다는 듯, 다시 조금 전의 이야기를 되풀이했다.

"그래. 두 달 후에는 이 동네를 떠나서 다른 데로 이사 가야 할 것 같아."

엄마의 말이 끝나자마자 소연이가 울먹이며 소리쳤다.

"싫어! 난 안 가!"

항상 명랑하고 엄마 말을 잘 듣는 소연이가 이렇게 화를 내는 데는 다 이유가 있었다. 소연이는 장사를 하는 엄마 아빠 때문에 자주 이사를 다녀야 했고 그때마다 전학도 여러 번 했다. 이번에 이사를 가게 되면 벌써 네 번째 전학을 가는 것이었다. 잦은 이사 때문에 소연이에게는 친한 친구들이 없었다. 친해질 만하면 전학을 갔기 때문이다.

하지만 이번 학교는 달랐다. 전학 온 지도 벌써 1년이 넘었고 친한 아이들도 많이 생겼다. 게다가 학교 앞에서 분식집을 하는 엄마 덕분에 인기도 만점이었다. 엄마는 소연이가 친구들을 데리고 갈 때마다 떡볶이와 튀김을 그릇이 넘치도록 가득 담아 줬다. 그러니 친구들이 좋아할 수밖에 없었다.

친구들과 즐겁게 지내는 게 어떤 건지 몰랐던 소연이는 하루하루가 너무 행복했다. 친구들이 늘어날 때마다 소연이는 속으로 바랐다. 다시는 전학갈 일이 생기지 않으면 좋겠다고 말이다. 그런데 이제 그 바람이 깨지게 생긴 것이다.

언제나 엄마를 잘 따라 줬던 소연이가 강하게 거부하며 소리까지 지르자 엄마는 속이 상했다.

"소연아! 엄마 힘든 거 알면서 왜 그래."

"말도 안 해 주는데 어떻게 알아? 왜 또 이사 가야 하는 건데?"

"장사가 생각보다 안돼서 그래. 건너편에 햄버거 집이 생기고 나서부턴 손님이 뚝 끊겼어. 이러다가는 가겟세도 못 내게 생겼다고. 더 늦기 전에 가게를 팔고 다른 곳으로 가야 해."

"싫어, 싫어. 난 그런 거 몰라! 절대 전학 안 갈 거야!"

소연이는 두 귀를 막고 벌떡 일어나 자기 방으로 들어가 버렸다.

다음 날 아침, 일어나자마자 밥도 안 먹고 학교로 달려 온 소연이는 속상한 마음에 책상에 엎드렸다. 어제는 엄마의 말에 화가 나 대들기는 했지만 속으로는 이미 어쩔 수 없다는 것을 느끼고 있었다. 같은 골목에 햄버거 집이 생긴 후부터 엄마 아빠가 하는 분식집 장사가 잘 안되는 건 알고 있었다. 가게에 찾아오는 소연이의 친구들도 반으로 줄었다. 어떻게 해야 할지 몰라 고민하고 있는 소연이의 귀에 유쾌한 목소리가 들렸다.

"야! 장소연. 오늘 수업 끝나고 너네 가게에서 떡볶이 한 접시 어때?"

정석이였다. 소연이는 자기 기분도 모르고 신나 떠들어 대는 정석이가 갑자기 얄미워졌다.

"떡볶이 한 접시는 무슨, 가서 밥이나 많이 먹어."

소연이가 뾰로통해서 톡 쏘아 붙이자 정석이가 소연이에게 다가가 더 장난스럽게 말을 건넸다.

"어이구, 늘 기운차고 씩씩한 장소연 양이 오늘따라 왜 이렇게 화가 났을까?"

"아! 몰라. 나 지금 장난하고 싶은 기분 아니거든. 얼른 저리 가!"

소연이가 짜증 가득한 얼굴로 더 화를 내자 정석이도 분위기가 심상치 않다는 것을 깨달았다. 평소에 소연이는 절대 이유 없이 화를 내는 아이가 아니었기 때문에 무슨 사정이 있는 게 분명했다. 옆에 있던 성범이도 평소 같지 않은 소연이를 보고 둘의 이야기에 귀를 기울였다.

"소연아! 너 혹시 무슨 일 있어?"

정석이가 장난기를 쏙 뺀 소리로 물었다. 소연이를 걱정하는 마음이 가득 담긴 눈빛이었다. 그 눈을 보자 소연이는 갑자기 서러운 기분이 들어 왈칵하고 울음을 터뜨렸다.

"어, 어? 왜 그래? 울지 마."

당황한 정석이가 소연이를 달랬지만 소용없었다. 성범이도 같이 나섰지만 소연이의 눈물을 멈출 수는 없었다. 소연이는 한참을 운 후에야 마음을 가라앉혔다.

"무슨 일이 있었던 거야? 돌에 걸려 넘어져서 무릎이 다 까져도 웃기만 하던 애가 왜 이렇게 운 거야?"

그제야 소연이는 눈물을 닦으며 엄마한테 들은 이야기를 했다.

"그거 참 이상하네. 그렇게 달콤하고 맛있는 떡볶이가 왜 안 팔린다는 거지?"

"그러게. 튀김도 정말 바삭바삭하고 맛있는데 말이야."

정석이와 성범이가 이해할 수 없다는 듯 고개를 갸웃거렸다.

"됐어. 안 팔리면 어쩔 수 없는 거지. 어차피 내가 할 수 있는 일은 아무것도 없어."

소연이가 체념하듯 힘없이 중얼거렸다. 정석이도 속상했지만 소연이의 말이 맞는다는 생각이 들었다. 장사가 잘되고 안되는 것은 아이들이 어떻게 할 수 있는 문제가 아니었다. 어른들의 문제였다. 아이들이 할 수 있는 것은 별로 없었다.

하지만 성범이의 생각은 조금 달랐다. 뭔가 방법이 꼭 있을 것만 같았다. 순간 통계학자 할머니가 생각났다. 할머니에게는 통계라는 마술 지팡이가 있었다. 할머니는 마치 마법사처럼 그 지팡이를 휘둘러, 지금까지 성범이가 의뢰한 어려운 문제를 해결해 줬다. 이번에도 할머니라면 문제없이 해결책을 말해 줄 것 같았다.

"애들아! 잘하면 방법이 있을지도 몰라."

성범이의 말에 소연이와 정석이가 놀란 눈으로 쳐다봤다.

"그게 뭔데?"

"일단 아무것도 묻지 말고, 너희 둘 다 오늘은 나만 믿고 따라와."

수업이 끝난 후 소연이와 정석이는 성범이의 뒤를 따라나섰다. 어디를 가는지 궁금했지만 꾹 참고 말다. 성범이는 할머니네 집에 도착하자 대문 앞에서 벨을 눌렀다. 조금 있자 반가운 목소리와 함께 문이 열렸다.

"오늘은 친구들과 같이 왔구나. 어서 오너라."

"할머니, 오늘은 제가 아니라 얘가 고민이 있어서 왔어요."

마음이 급해서인지 성범이는 인사를 하기도 전에 소연이에 대한 이야기를 먼저 꺼냈다. 그러자 할머니가 웃으면서 말했다.

"원! 녀석도 참. 숨이라도 돌리고 이야기하려무나."

할머니가 음료수를 내주자 정석이는 천천히 음료를 마셨다. 그동안 성범이와 소연이는 할머니에게 그간의 사정을 이야기했다.

"할머니! 소연이는 정말 전학가고 싶지 않대요. 가게가 잘되는 방법이 없을까요?"

성범이의 물음에 아이들은 조마조마한 심정으로 할머니의 입을 쳐다보았다.

"있고말고! 실제로 요즘 통계가 가장 많이 사용되는 곳도 이런 경제 분야란다."

할머니가 밝은 목소리로 대답하자 아이들이 기대에 찬 목소리로 물었다.

"정말요? 그럼 어떤 방법이라도 있으신 거예요?"

"장담할 순 없지만 아마도 도움이 될 게다."

"저희가 할 수 있는 건가요?"

"물론! 너희들도 충분히 할 수 있는 거란다."

할머니의 이야기를 들은 아이들은 모두 밝은 얼굴이 되었다. 금

방이라도 문제가 해결될 것만 같았다.

 다음 날 아침. 성범이와 정석이, 소연이의 손에는 하얀색 종이가 들려 있었다. 어제 할머니가 알려준 대로 성범이가 컴퓨터로 작성한 문서였다. 성범이는 두 친구를 앞에 두고 마치 연설을 하듯이 말했다.
 "자, 지금부터 설문 조사를 하러 가는 거야. 정석이 너는 1반부터 3반까지, 소연이는 4반부터 6반까지, 나는 6반부터 8반까지 맡을게. 그리고……."
 그때 성범이의 말에 정석이가 끼어들었다.
 "어차피 전부 조사하기는 힘드니까 한 반에서 열 명 정도씩만 조사해도 충분할 거야. 너무 무리하지 말라는 거지."
 "그래. 지난번 학생 회장 선거 조사 때처럼 말이야."
 "알았어! 그럼 얼른 출동하자."
 성범이의 말이 끝나자 아이들은 재빨리 다른 반 교실로 향했다. 성범이도 자기가 맡은 구역으로 향했다. 8반 근처에 도착한 성범이는 가장 먼저 마주친 여자아이에게 설문지를 내밀며 말했다.
 "혹시 너 시간 있으면 이것 좀 대답해 줄래?"
 "이게 뭔데?"
 "일단 한번 봐."
 성범이의 말에 호기심이 생긴 여자아이는 종이를 펼쳐 봤다. 종이에는 번호가 적힌 질문 두 개가 있었다.

1. 분식집에서 가장 먹고 싶은 음식은 무엇입니까?
기타를 고르신 분은 그 이유도 말씀해 주세요.
① 떡볶이   ② 튀김   ③ 순대   ④ 기타

2. 현재 분식집에 없는 메뉴 중 당신이 가장 먹고 싶은 음식이 있다면 무엇입니까? 왜 그것을 추천하는지 이유도 말씀해 주세요.

설문을 본 여자아이가 재미있다는 듯이 종이에 답을 적으며 말했다.
"음, 첫 번째는 떡볶이. 떡볶이는 떡볶이인데 난 진짜 매운 떡볶이가 먹고 싶어. 거기에 달콤한 치즈를 듬뿍 얹어서 말이야. 엽기떡볶이처럼. 그리고 두 번째는 아이스 슬러시가 좋을 것 같아."
"응? 웬 아이스 슬러시?"
"매운 걸 먹으면 아무래도 차가운 걸로 입을 달래야 하니까."
여자아이는 말을 하면서도 매운 생각이 나는지 입맛을 다셨다. 그 아이를 시작으로 설문 조사가 척척 진행되었다. 성범이가 교실로 돌아왔을 때는 소연이와 정석이도 이미 도착해 있었다. 둘은 마치

신기한 것이라도 본 표정을 하고 있었다.
성범이를 본 정석이가 물었다.
"성범아! 너도 혹시 그거냐?"

"뭐?"

뜬금없는 물음에 성범이가 눈을 크게 뜨자, 소연이가 물었다.

"혹시 엽기 떡볶이 아냐?"

"너희도?"

놀란 성범이가 정석이와 소연이에게 되묻자, 둘은 말 대신 고개를 끄덕였다.

셋은 서둘러서 자신들이 조사한 설문 조사 결과를 정리했다. 먼저 양화초등학교 아이들이 분식집에서 가장 먹고 싶어 하는 음식은 매운 떡볶이에 치즈를 올린 엽기 떡볶이였다. 거기에 아이스 슬러시를 같이 먹고 싶다는 대답도 많았다. 아마도 신문이나 텔레비전에서 유행하는 것을 보고 대답한 것 같았다. 하지만 그에 못지않게 표를 많이 받은 것은 보통 떡볶이였다. 그 뒤로 튀김, 순대 순이었다. 가끔 갈비나 생선회같이 장난으로 대답한 아이들의 의견도 있었지만 그것은 어쩌다 한두 명에 불과했다.

"성범아! 이거 진짜 신기하지 않냐?"

"뭐가?"

"소연이가 맡은 반 애들이랑 내가 맡은 반들이랑 대답한 내용이 거의 비슷해. 네가 맡은 곳도 그렇고 말이야."

정석이가 눈을 동그랗게 뜨고 신기한 듯 말하자 성범이가 웃으며 대답했다.

"지난번에도 내가 말했잖아. 비슷한 환경에서 비슷한 생활을 하면 다들 비슷한 생각을 한다고 말이야."

"얘들아, 고마워. 나는 빨리 엄마한테 가서 이 통계 자료들을 보여 줘야겠어. 우리 엄마는 요리 솜씨가 좋으니까 엽기 떡볶이도 분명히 맛있게 잘할 거야."

서로 마주보고 웃는 둘에게 소연이는 고맙다는 인사를 하고는 서둘러 집으로 향했다. 조금이라도 빨리 엄마에게 이 사실을 말해 주고 싶었기 때문이었다.

그로부터 얼마 후, 소연이네 분식집 앞에는 긴 줄이 생겼다. 새로 생긴 메뉴인 엽기 떡볶이와 아이스 슬러시가 큰 인기를 얻어서 소문을 들은 주민들뿐만 아니라 이웃 학교의 학생들까지 찾아왔다.

넘쳐나는 손님에 소연이네 엄마는 이마에 땀을 훔치며 음식을 하기 바빴다. 바쁘게 엄마의 일을 돕던 소연이의 눈에 성범이와 정석이가 친구들과 함께 줄 서 있는 모습이 보였다. 소연이의 얼굴에 행복한 미소가 퍼졌다.

▶통계, 더 알고 싶어!◀

월마트의 통계 시스템

　미국의 샘 월턴이라는 사람이 창립한 월마트는 세계에서 가장 큰 유통업체입니다. 경제 전문지 〈포춘〉(2014)에 따르면, 월마트에서 근무하는 직원 수는 220만 명이 넘으며 월마트에서 발생하는 연 매출액은 무려 4,822억 달러로서 전 세계 모든 기업 중에서 1위에 해당합니다. 웬만한 나라의 국가 예산보다 더 큰 경제 규모를 자랑하고 있는 세계적인 기업이지요. 월마트는 어떻게 이렇게 큰 성공을 거두게 되었을까요? 그 비결은 바로 통계를 잘 활용한 데 있습니다.

　월마트는 아주 오래전부터 물건을 제공하는 회사와 월마트에서 물건을 사는 손님들에 대한 정보를 '리테일 링크(retail link)'라는 정보 시스템에 꼼꼼히 기록해 놓았습니다. 이 자료에는 제품 종류와 수량, 물건이 들어온 날짜와 더불어 손님들이 산 물건의 가격, 그 물건과 함께 산 다른 물건 그리고 물건을 산 날의 날씨와 시간까지, 물건과 손님에 대한 거의 모든 정보들이 기록되어 있습니다. 월마트는 이러한 방대한 통계 자료를 바탕으로 손님들이 어느 순간에 어떤 물건을 필요로 하는지를 분석하고 그 분석을 사업에 적용함으

로써 세계 최고의 유통기업이 된 것입니다.

　예를 한번 들어 볼까요? 우리나라의 장마철처럼 미국의 여름에는 허리케인이라는 커다란 태풍이 불어오는 시기가 있습니다. 이렇게 태풍이 부는 시기에는 위험하기 때문에 사람들이 바깥 출입을 삼가고 집에 있는 경우가 많습니다. 또한 갑자기 일어날 수 있는 정전에 대비해 손전등을 구입해 놓기도 합니다. 따라서 이 시기엔 손전등의 판매량이 증가합니다. 모든 자료를 꼼꼼히 분석하는 월마트가 이런 정보를 절대 놓칠 리가 없습니다. 태풍이 불어오는 시기에 월마트는 더 많은 손전등을 준비해 놓습니다.

　그런데 이때 월마트는 또 하나의 신기한 현상을 발견합니다. 손전등을 사는 사람들 상당수가 인기 간식인 '팝타르트'를 함께 사 갔던 거죠. 월마트는 태풍이 올 때 사람들이 웬만해서는 바깥에 잘 나가지 않기 때문에, 집 안에 있을 때 간식을 더 먹는다는 것을 알게 된 것입니다.

이것을 깨달은 월마트는 즉시 손전등이 있는 태풍 대비 용품 쪽 옆에 팝타르트 판매대를 설치함으로써 이익을 크게 올렸습니다. 따로 떼어 놓고 보면 아무런 상관이 없어 보이는 것이었지만 통계 자료에서 서로의 판매량에 연관이 있다는 것을 알게 된 것입니다.

이렇게 통계를 통해 사람들이 원하는 것이 무엇인지를 정확히 알아 낼 수 있다면 세계 제일의 기업을 만드는 것도 불가능한 꿈은 아니겠지요?

더 생각해 보기

❶ 소연이네 분식집이 장사가 잘되지 않았던 이유는 무엇인가요?

❷ 양화초등학교에 바자회가 열립니다. 성범이와 소연이, 정석이는 바자회 기간 동안 학교에서 어른들을 도와 음식을 팔려 합니

다. 다음 중 어떤 음식이 가장 잘 팔릴지를 그 이유와 함께 생각해 보세요.

① 고급 생선회　　② 떡볶이와 어묵
③ 얼큰한 육개장　　④ 부드러운 양갱

모범 답안은 136쪽에 있습니다.

통계적으로 생각하기

어떤 상품이 경제적으로 더 많은 이익을 남길지를 예측하기 위해서는 그간 쌓여 왔던 통계 자료를 보고 많은 사람들이 좋아하는 물건이 무엇인가를 알아내야 한다.

불량배 소탕 대작전

"지금까지 선생님이 한 말 잘 들었지?"

종례시간 내내 선생님은 심각한 표정으로 이야기했다.

"선생님들도 학교와 동네를 자주 순찰하기로 했으니까 당분간은 집에 갈 때 혼자 가지 말고 여럿이 같이 다녀야 한다. 그럼 조심해서 들어가고 내일 반갑게 만나자."

담임 선생님이 걱정스러운 얼굴로 말을 마치고 교실을 나갔다. 어제 수홍이가 공사장 근처에서 나쁜 형들과 누나들한테 돈을 뺏겼기 때문에 집으로 돌아갈 때 조심하라는 이야기였다.

하지만 아이들은 이미 조심하고 있었다. 같은 일을 당한 다른 반 아이들이 벌써 여럿이었기 때문이다. 성훈이도 요즘 집으로 돌아가는 길이 두렵기만 했다.

"정석아, 너 오늘 바쁘지 않으면 우리 집에 같이 갈래?"

성훈이가 정석이에게 물었다.

"난 오늘 성범이네 집에 놀러 가기로 했는데?"

"그럼 어쩔 수 없지. 잘 가. 내일 보자."

약속이 있다는 정석이의 말에 성훈이의 마음이 바위에 눌린 듯 무거워졌다. 혼자서 집으로 갈 일이 외국 여행 가는 것보다 더 멀게만 느껴졌다. 집 근처 골목에 있는 오래된 놀이터를 지날 생각을 하니 이마에 땀이 송골송골 맺혔다.

언제부터인지 모르겠지만 놀이터에 험상궂게 보이는 사람들이 모여 술을 마시거나 담배를 피우곤 했다. 놀이터 바닥에는 쓰레기와 담배꽁초가 널려 있었고, 구석에 있는 공중화장실의 유리창도 몇 개 깨져 있었다. 또 놀이터 벽에는 스프레이로 쓴 붉고 푸른 낙서들이 가득 차 있었다. 놀이터 환경이 그렇다 보니 동네 사람들은 점차 놀이터에 가지 않게 되었고, 점점 더 불량해 보이는 사람들만 놀이터에 모이게 되었다.

혼자 집으로 가게 된 성훈이의 눈에 골목의 놀이터가 들어왔다. 아니나 다를까, 오늘도 놀이터엔 험상궂게 생긴 형들과 누나들이 모여 있었다. 지나가는 사람은 성훈이 말고는 아무도 없었다. 성훈이는 조마조마한 마음으로 빨리 걷기 시작했다. 얼른 놀이터를 지

나 제발 아무 일 없이 집으로 돌아가고 싶었다.

하지만 성훈이의 기대는 떨어진 달걀처럼 산산이 깨졌다. 입에 담배를 물고 있는 무섭게 생긴 형이 성훈이를 부른 것이다.

"야! 거기 가는 꼬마, 너 이리 좀 와 봐!"

성훈이는 온몸이 얼음처럼 굳어 버렸다.

성훈이가 꼼짝도 안 하고 가만히 있자 그 형이 건들대며 다가왔다. 그러고는 성훈이의 뺨을 톡톡 건드리며 비아냥대는 소리로 말했다.

"너! 돈 좀 있어 보이는데, 돈 많으면 형들한테 좀 빌려 줄래?"

"어……없는데요."

돈이 있느냐는 말에 성훈이가 흠칫하며 없다고 대답했다. 하지만 성훈이의 가방 속에는 아침에 엄마가 준 수학 학원비가 들어 있었다. 성훈이는 온몸에 전기가 통한 것처럼 얼얼해졌다.

"어쭈! 이것 봐라? 정말 돈 없어? 좋게 말할 때 얼른 내 놔."

주먹을 들이대며 위협하자 성훈이는 고개를 숙인 채 있는 힘껏 고개를 저었다.

"지, 진짜 없어요."

"그래? 그럼 뒤져서 100원이라도 나오면 너 진짜 혼난다."

무서운 형이 가방을 뒤지려고 하자 겁에 질린 성훈이가 결국 울음을 터트렸다. 그러고는 가방 속에서 학원비를 꺼냈다.

"자, 잘못했어요. 여기 돈 있으니까 제발 때리지만 마세요."

다음 날 아침이 되었다. 성훈이가 돈을 뺏긴 일이 알려지자 학교에는 비상이 걸렸다. 교장 선생님과 선생님들은 1교시에 수업 대신 비상 회의를 열었다. 그 때문에 아이들은 자습을 해야 했다.

"성훈아, 정말 미안해. 이렇게 될 줄 알았으면 너희 집까지 같이 가 주는 건데 말이야."

책상에 엎드려 있는 성훈이에게 정석이가 미안한 얼굴로 어쩔 줄을 몰라 하며 말했다.

"아니야, 네가 있었어도 마찬가지였을걸. 아마 둘 다 돈을 빼앗겼을 거야. 차라리 나 혼자 뺏겨서 다행이야."

밤새 울었는지 성훈이의 눈이 퉁퉁 부어 있었다. 힘이 쭉 빠진 성훈이의 모습을 보고 있으려니 화가 난 성범이가 외쳤다.

"그 나쁜 놈들을 도대체 어떻게 처리하지?"

"맞아! 경찰은 뭐 하는 거야! 그런 사람은 안 잡고!"

아이들도 따라서 소리쳤다. 그때 회의를 마친 선생님이 교실로 들어왔다. 선생님은 아이들을 조용히 시킨 후에 비상회의 결과를 말해 줬다. 피해를 입은 학생들의 사건은 경찰서에 신고하고, 당분간 수업이 끝난 후에는 선생님들이 학생들을 안전하게 집까지 데려다주기로 결정했다고 한다.

그날부터 경찰들이 학교 근처를 순찰하고 선생님들이 학생들을 일일이 집까지 데려다주었다. 다행히 학생들의 피해 소식은 더 이상 들리지 않았다. 그렇게 안전한 나날이 계속되자 경찰과 선생님들은 다시 원래 자기의 일로 돌아갔다.

새로운 피해자가 발생한 것은 그로부터 며칠이 더 지난 후였다. 이번 피해자는 수진이었다.

"수진아! 어떻게 된 거야?"

"요새 놀이터에 있던 나쁜 언니들이 안 보이기에 안심하고 지나가다가 걸렸어."

"다치진 않았어?"

"응. 다행히 맞진 않았는데 대신 책 살 돈을 뺏겼어."

다친 데는 없다는 말에 아이들은 다행이라며 한숨을 내쉬었지만 동네 주변에 불량배들이 다시 나타났다는 말에 걱정을 감출 수 없었다.

"우리는 이제 어떡해야 하나?"

"어떡하긴 뭘 어떡해. 다시 경찰에 신고하고 선생님들이랑 집에 가야지. 절대 혼자 다니지 말고."

아이들의 말에 회장이 입을 삐죽이며 투덜댔다.

"그것도 하루 이틀이지, 경찰이랑 선생님도 다른 할 일이 있는데 매일같이 그렇게 할 수는 없잖아."

정석이가 답답한 듯 의자를 등으로 밀며 말했다.

"그럼 넌 뭐 뾰족한 수라도 있어?"

회장이 살짝 눈을 흘기며 정석이에게 물었다. 정석이는 마땅한 대답을 찾지 못해 우물쭈물하다 성범이와 눈이 마주쳤다. 그때 정석이에게 번뜩하고 좋은 방법이 떠올랐다.

"아, 왜 그 생각을 못 했을까?"

"뭔데, 뭔데?"

정석이의 말에 회장이 다그쳐 물었다.

"지금은 말할 수 없고 내일까지 알려 줄게."

회장은 갑자기 의기양양해진 정석이를 보고 고개를 갸웃거렸다. 잠시 후, 성범이가 정석이에게 물었다.

"야! 너 정말로 확실한 해결 방법 있어?"

"그런 게 있으면 아까 진작 말했지."

"그럼 도대체 무슨 생각으로 방법이 있다고 말한 거야?"

"무슨 생각이긴 무슨 생각이야. 통계 할머니한테 가 볼 생각이었지."

"난 또. 할머니가 무슨 만능 해결사냐!"

"응, 내가 보기엔 그래."

어이없다는 듯 쳐다보는 성범이에게 정석이가 씩 하고 웃으며 말했다.

학교가 끝나자마자 둘은 할머니네로 달려갔다. 성범이와 정석이가 고민거리를 들고 오는 것에 익숙해진 할머니는 둘을 반갑게 맞아 줬다. 한숨을 돌린 성범이와 정석이는 동네 주변에 불량배가 나타나 고민이라는 이야기를 전했다. 이야기를 다 들은 할머니는 얼굴을 찌푸렸다. 어린 아이들의 돈을 빼앗는 행동이 무척 못마땅한 것 같았다.

"정말 답이 없어요. 경찰 아저씨나 선생님이 순찰을 돌면 불량배들이 없어지는데요, 그때뿐이에요. 그분들이 안 보이면 바퀴벌레처

럼 다시 나타나요."

"그래, 친구들이 주로 어느 곳에서 돈을 빼앗겼다고 하더냐?"

"수홍이는 공사장 근처에서 빼앗겼고, 소연이랑 성훈이는 놀이터 주변이에요. 음, 그러고 보니까 다른 애들도 다 그 근처 같아요."

성범이의 말이 끝나자 잠시 고민하던 할머니가 무언가 생각났다는 듯이 물었다.

"너희들, 혹시 놀이터나 공사장 주변을 자세히 본 적이 있니?"

"그럼요. 놀이터 주변은 정말 지저분해요. 바닥엔 깨진 유리들이랑 담배꽁초들이 널려 있고 화장실엔 유리창도 깨져 있어요. 변기도 지저분하고요."

"공사장 근처도 마찬가지예요. 공사가 중단된 지 오래 되어서 사람들이 없어요. 그래서 그 주변에 술병이랑 각종 쓰레기들이 쌓여 있고, 임시로 설치된 벽에는 스프레이로 온갖 보기 흉한 낙서들이 그려져 있어요."

둘의 이야기를 들은 할머니가 이제야 무언가를 알았다는 듯이 고개를 끄덕이더니 성범이와 정석이에게 불량배를 없애는 방법에 대해 천천히 말해 줬다.

다음 날이 되었다. 회장에게 부탁해 학급 회의를 소집한 정석이가 교탁 앞에 섰다.

"여러분, 동네 주변에 불량배를 사라지게 하는 방법은 간단합니다. 동네를 깨끗하게 하는 것입니다. 그래서 저는 우리 학교 학생들이 동네 놀이터와 공사장 주변을 깨끗이 청소하자는 의견을 제시합니다."

"응? 도대체 그게 무슨 소리야?"

"쓸데없는 소리 그만하고 얼른 자리에 앉아."

정석이의 말이 조금 뜬금없어 보이자, 아이들이 웅성대기 시작했다. 하지만 선생님은 아이들과 달리 정석이의 말에 관심을 보였다.

"정석아, 지금 그 이야기 조금만 더 자세히 이야기해 볼래?"

선생님이 자신의 말에 관심을 보이니, 정석이는 어깨를 쭉 펴고 자신 있는 목소리로 말했다.

"불량배들은 경찰이나 선생님들이 순찰하면 일시적으로 없어지긴 하지만 그분들이 사라지면 다시 나타납니다. 그러니까 불량배를 완전히 사라지게 하려면 그 원인을 없애야 합니다."

"그러니까…… 청소를 하면 그 원인이 사라진단 말인가요?"

회장이 아직도 정석이의 말이 이해가 되지 않는다는 듯이 물었다.

"쓰레기통 주변이 깨끗하게 정리되어 있으면 휴지를 쓰레기통 안에 곱게 버리지만, 쓰레기통 주변에 휴지가 널려 있으면 대충 주변에 던져 버리잖아요. 문제는 그렇게 휴지를 마구 버리면 사람들이 점점 쓰레기를 버리는 곳이 넓어진다는 겁니다. 그것처럼 주변 환경이 지저분하거나 불량하면 곳곳에 있던 불량한 사람들이 모여 안 좋은 행동을 하기 쉬워요."

정석이의 말이 끝나자 성범이가 맞장구를 치며 말했다.

"맞아요. 신호가 잘 지켜지는 횡단보도에서는 사람들이 질서를 지키지만 여러 사람이 무단 횡단을 하고 있으면 다른 사람들도 덩달아 무단 횡단하는 것도 마찬가지입니다. 그러니까 동네에 불량한 환경이 있으면 그 주변에 있는 사람들이 불량한 행동을 하기가 쉬워집니다. 그렇게 불량한 사람들이 조금씩 늘어나면 다른 사람들도 쉽게 불량해지는 거죠."

성범이는 쉬지 않고 계속 자신의 생각을 말했다.

"우리도 그런 환경을 자꾸 접하고 그런 곳에서 지내다 보면 나중에 그 불량한 언니 오빠들처럼 나쁘게 될 수도 있습니다. 그러니까 우리가 동네를 깨끗하게 하면 불량한 사람들이 있을 곳이 없어져서 동네가 안전해질 겁니다."

성범이의 말이 끝나자 다시 아이들의 표정이 제각각 바뀌었다. 무언가 깨달았다는 아이도 있었고 아직 완전히 이해 못 한 아이들도 있었다. 그때 선생님이 일어서며 말했다.

"아주 좋은 의견이었어. 선생님은 오늘 나온 의견을 교장 선생님과 경찰서에 전달해서 동네 놀이터 주변을 깨끗이 하자고 건의해 볼게."

며칠 후, 선생님의 의견이 전달되었는지 경찰 아저씨들과 양화초등학교 학생들이 놀이터와 공사장 주변을 깨끗이 청소하기 시작했다. 바닥에 쌓인 쓰레기들을 치우고 벽에 칠해진 낙서들을 깨끗이 지웠다. 가로등도 환하게 만들어 저녁에도 대낮처럼 훤하게 했다. 깨진 유리창들을 새로 가는 것은 물론, 화장실 안도 방향제를 뿌려 좋은 냄새가 나게 만들었다. 이전과는 완전히 달라진 화장실을 본 아이들이 감탄을 하며 말했다.

"우아! 이렇게 깨끗해지니까 변기에 오줌 싸는 것도 조심하게 되네, 바닥에 흘릴까 봐."

그 소리에 같이 있던 아이들이 크게 웃었다.

"그것 봐. 환경이 조금만 바뀌어도 사람 마음이 달라진다니까."

경찰과 아이들의 노력으로 동네 주변이 깨끗해지자 동네 사람들도 다시 놀이터를 이용하기 시작했다. 깨끗한 놀이터를 드나드는 사람들은 떨어진 작은 휴지를 주웠고 혹시 누군가가 빈 음료수 병

이라도 버릴라치면 그러지 말라고 충고했다. 그러다 보니 예전에 놀이터에 들러 담배를 피거나 술을 먹던 사람들도 자연스럽게 사라졌다. 공사장 주변도 마찬가지였다. 양화초등학교의 불량배 소탕작전은 그렇게 행복하게 끝났다.

▶ 통계, 더 알고 싶어!

깨진 유리창 이론

　세계에서 제일 유명한 도시 하면 어느 도시가 생각나세요? 에펠탑이 있는 파리? 템스 강이 흐르는 런던? 한류로 유명해진 서울? 당장 여러 도시들이 머릿속에 떠오르고 있을 겁니다.

　하지만 가장 유명한 세계적인 도시 하면 누가 뭐라 해도 미국에 있는 뉴욕이겠죠. 자유의 여신상으로도 유명한 뉴욕은 전 세계 대부분의 나라들이 가입한 유엔 본부가 위치해 있으며, 세계 경제의 중심지인 월스트리트와 최고의 예술가들이 모여 있는 브로드웨이까지 있는 곳입니다. 한마디로 뉴욕은 명실상부한 세계의 정치, 경제, 문화의 중심지입니다. 그래서 뉴욕에 사는 사람들은 자신들의 도시가 세계의 수도라는 자부심을 가지고 있습니다.

　하지만 이렇게 대단한 도시인 뉴욕에도 감추고 싶어 하는 부끄러운 부분이 있습니다. 그것이 바로 범죄입니다. 뉴욕의 별명 중 하나가, '고담시티(성경에 나오는 대표적인 범죄와 죄악의 도시의 상징인 소돔과 고모라에서 따온 이름)'인 것을 생각한다면 이해가 쉽겠지요. 이렇게 범죄는 뉴욕을 대표하는 나쁜 이미지였습니다. 특히 온갖 낙서로 뒤덮인 뉴욕의 지하철은 범죄의 온상으로, 외국인들은 절대로 혼자 뉴욕의 지하철을 타지 말라는 속설까지 있었습니다.

범죄로 대표되던 뉴욕의 이미지가 개선된 것은 범죄 심리학자인 제임스 윌슨과 조지 켈링이 이른바 '깨진 유리창 이론'을 들고 나오면서였습니다.

'깨진 유리창 이론'이란 어느 물건에 조금이라도 파손된 부분이 있으면 사람들이 그 물건을 더 함부로 대하게 된다는 이론입니다. 예컨대 집에 깨진 유리창을 그대로 놔두면 사람들이 그 집의 유리창은 함부로 대해도 되는 줄 알고 돌을 던져 다른 유리창도 깨 버리거나 심지어는 집 전체를 약탈하기도 한다는 이야기입니다.

윌슨과 켈링이 생각한 것도 사람들의 이런 심리였습니다. 두 사람이 범죄가 자주 일어나는 지역의 자료들을 수집해 통계를 내 본 결과, 범죄가 자주 일어나는 곳은 환경이 매우 열악했습니다. 그래서 두 사람은 범죄를 예방하기 위해서는 그곳의 환경을 개선하는 것이 우선이며, 작은 범죄라도 철저하게 단속해야 한다는 주장을 펼쳤습니다.

범죄 예방에 대한 두 사람의 이론을 귀담아들은 당시 뉴욕 교통국의 국장은 직원들을 시켜 무려 5년에 걸쳐 뉴욕 지하철 6000대에 그려진 수많은 낙서들을 지우게 했습니다. 처음에 국장의 명령을 들은 직원들은 낙서를 지우는 것보다 범죄자를 잡는 게 우선이라며 국장의 명령을 우습게 생각했습니다. 하지만 얼마 지나지 않아 놀라운 일이 발생했습니다. 지하철에 그려진 낙서를 지우기 시작한 뒤로부터 범죄율이 점차 줄어들더니 낙서가 전부 지워진 후에는 지하철 범죄율이 50%나 감소한 것입니다. 특히 살인과 강도와 같은 무거운 범죄들은 무려 75%나 줄어들었지요.

단순히 낙서를 지우는 것만으로 뉴욕 지하철의 범죄율이 감소한 것을 확인한 뉴욕 시장은 곧 뉴욕 전체에 이 이론을 도입한 치안 정책을 펼쳤습니다. 범죄 건수가 많은 곳에 있는 낙서들을 수시로 지우는 한편, 신호 지키기, 쓰레기 무단 투기 금지 운동 등을 실시함으로써 뉴욕 시민들로 하여금 기초적인 법질서를 지키는 습관을 들이게 한 것입니다. 그 결과 범죄 도시로 악명이 높았던 뉴욕의 치안은 몰라보게 좋아졌습니다.

우리의 행복한 삶을 심각하게 위협하는 범죄의 위협을 물리친 통계. 참 대단하지 않나요?

더 생각해 보기

❶ 이야기에서 학교 주변에 불량배들이 나타나서 학생들에게 피해를 주게 된 원인은 무엇 때문일까요?

❷ 여러 사람이 횡단보도에서 무단 횡단을 하면 다른 사람들도 무단 횡단을 따라하는 경우가 많습니다. 그 이유는 무엇일까요?

모범 답안은 136쪽에 있습니다.

통계적으로 생각하기

범죄를 예방하기 위해서는 범인을 잡는 것도 중요하지만 범죄가 자주 발생하는 주변의 환경을 조사하고 개선함으로써 범죄가 일어날 기회를 없애야 한다.

느낌보다는 숫자

화창한 일요일 아침이었다. 단잠을 자던 준호는 번쩍 눈을 떴다. 깜짝 놀라 이불을 박차고 나온 준호는 책상 위 알람시계를 쳐다보았다. 다행히 시계 바늘이 8시를 가리키고 있었다.

"휴! 다행이다. 아직 시간이 남았네. 지금 준비해도 늦지 않을 거야."

일요일 아침마다 늦잠을 자던 준호가 이렇게 바쁜 이유는 바로 햄버거 때문이었다. 옆 동네에 있는 수제 햄버거 집에 한정 판매하는 햄버거가 생겼는데 일요일 딱 하루, 아침 8시부터 9시까지만 판매했다.

햄버거가 얼마나 대단하기에 딸랑 일요일 아침 한 시간만 한정

판매를 하느냐고 할 테지만 그건 그 햄버거를 못 먹어 봐서 하는 소리다. 신선한 유기농 야채에 육즙이 가득한 한우를 써서 한 번 먹으면 잊을 수가 없는 맛이다. 한 가지 아쉬운 점이라면 9시에서 1분이라도 지나면 절대 팔지 않는다는 거였다. 맛을 유지하기 위해서라는 이유였다. 어쩌면 그런 이유 때문에 더 유명한지도 몰랐다. 한정판 수제 햄버거는 준호가 며칠 동안 용돈을 모은 이유이기도 했다.

준호가 대충 손에 잡히는 대로 옷을 걸쳐 입고 신발을 신으려고 허리를 굽혔을 때였다. 엉덩이 쪽에서 드드득 찢어지는 소리가 났다. 허리를 벌떡 세운 준호는 허전한 느낌이 들어 엉덩이 쪽으로 손을 대 보았다. 바지가 찢어져 바로 속옷이 만져졌다.

"어휴, 진짜 이게 뭐야! 시간도 없는데 하필 지금 바지가 찢어지고 난리람."

준호는 어쩔 수 없이 방으로 돌아가 급하게 바지를 갈아입었.

집에서 나오며 시계를 보니 8시 30분이었다. 아직은 조금 여유가 있었다. 아파트를 나와 마을버스 정류장으로 가는데 건너편에서 버스가 오는 게 보였다. 신호등도 때맞춰 파란불이었다.

'하늘이 나를 도와주는구나.'

신이 난 준호가 신호등으로 달려갔다. 그런데 건너려고 폼을 잡자마자 갑자기 빨간불로 바뀌어 버렸다. 건너편에 멈춰 있던 마을버스도 신호가 바뀌자 준호를 버려두고 횡하고 지나갔다. 준호는 한숨을 내쉬며 신호가 바뀌기만을 기다렸다.

정류장에 도착한 준호는 버스가 빨리 오길 바라며 발을 동동 굴렀지만 야속하게도 버스는 다른 때보다 5분이나 늦게 왔다.

"그래도 아직은 늦지 않았어. 이 정도면 딱 맞게 도착할 수 있을 거야."

하지만 준호의 생각과는 달리 오늘따라 유난히 버스는 신호마다 걸려서 멈췄다. 준호는 거의 울기 직전이었다.

목적지에 버스가 도착하자 준호는 뛰기 시작했다. 햄버거 집이 눈에 들어왔다. 준호는 있는 힘을 다해 가게 앞으로 갔다.

"헉, 헉, 아저씨. 아직 수제 한우 햄버거 살 수 있죠?"

헉헉거리며 땀을 뻘뻘 흘리는 준호를 보던 아저씨는 안됐다는 듯 고개를 저었다.

"이런, 어쩌나? 방금 전에 9시가 지나서 나머지는 다 처분했단다. 미안하지만 오늘은 끝이다."

준호는 가게 앞에 털썩 주저앉아 소리쳤다.

"내가 그렇지 뭐!"

준호의 별명은 '미스터 불행'이다. 별명 그대로 불행은 늘 준호에게만 찾아오는 것 같았다. 시작은 초등학교 입학식 때였다. 새 옷을 입자마자 주스를 흘려서 옷을 갈아입고 울면서 입학식을 가야 했다. 머리 감으려고 샴푸 거품을 한참 문질렀는데 갑자기 온수가

나오지 않는 것도 여러 번이었다. 잃어버린 물건을 찾다가 지쳐서 포기하고 새 물건을 사면 곧바로 잃어버린 물건이 나타난다든가, 모처럼 마음먹고 응원하러 간 야구팀이 경기에 지는 건 흔한 일이었다. 준호가 자신의 불행에 대해 얼마나 하소연을 했는지 친구들 사이에서도 준호의 불행은 유명했다.

다음 날 아침, 준호는 터덜터덜 교실로 향했다. 교실에서는 성범이와 소연이가 무언가를 한창 이야기하고 있었다. 준호를 본 소연이가 반가운 얼굴로 손짓하며 불렀다.

"준호야, 너도 우리랑 같이 갈래?"

"어딜?"

"이번에 국가 대표 축구팀이 친선 경기를 하는데 삼촌이 공짜 표를 몇 장 줬어."

준호의 눈이 반가운 듯 반짝 빛났다. 그때 뒤에서 듣고 있던 정석이가 끼어들었다.

"야, 안 돼. 준호 별명이 뭔지 모르는 거야? 쟨 미스터 불행이야. 쟤랑 같이 가면 우리나라 축구팀이 진다고."

그러더니 장난스럽게 턱을 괴고는 준호에게 한마디 더했다.

"준호야, 웬만하면 이번엔 그냥 참아라. 그게 다 나라를 위하는 거야. 응?"

소연이가 그건 말도 안 되는 소리라는 듯 눈썹을 찡그리며 화를 냈다.

"세상에 그런 게 어디 있니? 전부 다 미신이야."

그때 준호가 힘없이 고개를 저었다.

"아니야, 소연아. 그거 정말이야. 내가 경기를 보러 가면 분명히 우리나라가 또 질거야. 차라리 내가 안 가는 게 낫겠어. 괜히 내가 가서 지면 너희들한테 미안할 것 같아."

"그것 봐. 준호도 인정하잖아."

정석이가 의기양양하게 콧김을 풍풍 내품었다. 옆에 있던 성범이도 고개를 끄덕이며 말

했다.

"그래, 괜히 가서 지는 경기를 보면 기분만 나쁘지."

하지만 소연이는 아이들의 말을 순순히 인정할 수가 없었다.

"아냐! 그건 아닌 것 같아. 준호가 안 가면 나도 안 갈 거야."

준호도 계속 고개를 저었다.

"아냐! 그럴 필요 없어. 난 안 갈 거니까 너희끼리 가."

당황한 정석이와 성범이는 준호와 소연이의 눈치만 보며 이러지도 저러지도 못 했다. 그때 소연이가 외쳤다.

"어차피 이대로는 아무것도 해결이 안 돼. 그러니까 우리 모두가 만족할 이야기를 해 줄 사람한테 가자."

아이들이 모두 동시에 물었다.

"그게 누군데?"

"누구긴 누구야? 통계 할머니지!"

"맞다! 할머니가 있었지!"

성범이와 정석이가 손뼉을 쳤다. 말이 나오자마자 아이들은 할머니를 찾아갔다. 소연이는 할머니를 보자마자 얼른 인사를 하더니 준호 이야기를 시작했다.

"할머니 제 말 좀 들어 보세요. 글쎄 준호는 자기가 세상에서 제일 운이 없다고 자기가 가면 또 질까 봐 축구 경기도 보러 가지 않겠대요."

소연이가 이야기를 마치자 준호가 자기의 불행한 사연들을 한참 털어놨다. 둘의 이야기를 다 들은 할머니는 따뜻한 눈빛으로 준호와 소연이를 쳐다보았다.

"결론부터 말하자면, 준호가 아이들과 함께 축구를 보러 가도 아무 문제가 없을 것 같구나."

기뻐하는 소연이와 달리 준호는 의심스러운 눈으로 할머니에게 물었다.

"그럴 리가 없어요. 저한테는 정말 불행이 따라다닌다고요."

할머니는 그런 준호를 보며 걱정 말라는 듯 이야기했다.

"그런 일은 네 생각보다 정말 많단다. 무언가 메모를 하려고 하면 연필이 보이지 않는다거나 반대로 연필이 있으면 메모지가 안 보이는 것 말이야. 그리고 공중화장실에 줄을 서 있으면 꼭 내가 서 있는 줄이 더디게 줄어드는 것 같고. 만일 줄을 옮기면 그 줄이 다시 막히는 것 말이지. 또 빵을 흘리면 꼭 잼을 바른 쪽이 바닥에 떨어진다든가 찍은 문제는 꼭 틀리는 경우 말이야."

"맞아요!"

"저도 그래요!"

"어떻게 그렇게 잘 아세요?"

아이들이 신기한 듯이 놀라서 소리쳤다. 다들 그런 일을 가끔씩 겪었기 때문이다.

"이런 일들은 흔한 일이란다. 누구한테만 특별히 발생하는 불행이 아니란 소리지. 하지만 그 기억만 또렷이 남는 이유는 재수 없는 기억이 다른 종류의 기억보다 더 오래가기 때문이야."

아이들은 호기심 가득한 눈으로 할머니의 말에 귀를 쫑긋 기울이고 열중했다.

"준호는 머리에 샴푸 칠을 하면 더운 물이 나오지 않는다고 했지? 하지만 넌 태어나서 지금까지 천 번도 넘게 머리를 감았을 거야. 하지만 더운 물이 나오지 않는 건 기껏해야 서너 번 정도밖에 되지 않지. 물건을 잊어버린 것도 마찬가지란다. 실제로는 물건을 다시 사기 전에 찾은 적이 더 많을 거야. 하지만 그런 건 너의 기억 속에 잘 기억되지 않은 것뿐이지."

준호가 아직 수긍이 잘 안 가는 듯 물었다.

"제가 갈 때마다 응원하는 야구팀이 지는 건요?"

"그것도 마찬가지란다. 만일 준호 네가 하루도 빠지지 않고 응원을 간다면 그래도 그 팀은 한 번도 이기지 못할까?"

잠시 생각하던 준호가 고개를 저었다. 준호가 응원하는 야구팀은 열 번 경기하면 네 번 정도는 이기는 팀이었다. 아무리 자주 진다 해도 영원히 지는 경우는 없었다.

"그건 아닐 것 같아요."

"그래. 만일 그렇다면 상대 팀 감독은 선수들을 열심히 훈련시키

는 것보다 준호 너를 스카우트해서 응원석에 앉히는 게 더 나은 작전이겠지."

할머니의 말을 듣자 아이들이 웃음을 터뜨렸다. 아이들이 웃음이 멈추자 할머니는 계속 설명을 이어 갔다.

"경기란 건 이길 때도 있고 질 때도 있는 거란다. 처음 몇 번 정도야 이변이 나올 수도 있지만 계속해서 경기를 한다면 결국 승리와 패배는 팀의 실력만큼 나오게 되는 법이지. 야구 선수의 예를 들어 볼까? 야구 선수는 보통 세 번 나와서 한 번 안타를 치면 잘하는 선수란다. 어느 날 그 선수가 세 번 나와서 안타를 하나도 못 치는 경우도 있겠지. 그리고 어떤 날은 세 개나 칠 때도 있고 말이야. 준호 너도 마찬가지야."

할머니는 준호의 어깨를 톡톡 두드리면서 말을 이었다.

"네가 남들보다 훨씬 불행한 아이인 게 아니라 유난히 남들보다 안 좋았던 일들을 잘 기억하는 것뿐이란다. 네가 정말 불행하다면 네 옆에 이렇게 좋은 친구들이 있을 리 없잖니?"

할머니의 말을 들은 아이들은 이제야 이해가 된다는 듯 모두 고개를 끄덕였다.

"그럼 준호는 남들보다 불행한 아이가 아니라 남들보다 나쁜 것에 예민한 아이겠네요?"

정석이의 말에 소연이가 웃으며 맞장구를 쳤다.

"그러게. 이제 보니 준호는 섬세한 아이였어."

준호가 쑥스러워 머리를 긁적였다.

"모든 사람들은 어떤 날은 운이 좋거나 어떤 날은 운이 나쁠 수 있단다. 그때마다 사람들은 자신이 운이 좋은 사람이라거나 또는 운이 나쁜 사람이라고 생각하지. 하지만 살아가며 겪는 행운과 불운을 모두 모아 본다면 운은 대체로 공평하다는 것을 알 수 있게 되지. 통계는 언제나 느낌보다 정확하단다. 그러니 걱정은 그만두고 다 함께 축구장에 가서 재미나게 경기를 보렴."

> 통계, 더 알고 싶어!

머피의 법칙

1991년의 어느 날, 영국의 방송인 BBC에서 흥미로운 실험이 진행되고 있었습니다. '버터를 바른 토스트를 땅에 떨어트리면 정말로 버터를 바른 쪽이 더 많이 바닥으로 떨어질까?'에 관한 실험이었습니다.

실험은 특별한 규칙 없이 무작위로 선정된 사람들에게 똑같은 조건에서 토스트를 공중에 던지게 한 것이 전부입니다. 무려 300번에 걸쳐서 진행된 실험이 끝나고 방청객들은 손에 땀을 쥐고 결과가 발표되기를 기다렸습니다.

마침내 실험 내용이 정리되고 결과가 발표되자, 사람들은 허탈한 표정을 지었습니다. 결과는 버터를 바른 쪽이 바닥으로 향한 것이 152번, 그렇지 않은 경우가 148번으로, 항상 버터나 잼을 바른 쪽이 바닥으로 떨어진다는 사람들의 느낌과는 달리, 둘의 확률은 거의 비슷하다는 내용이었기 때문입니다.

조금은 황당해 보이는 이런 실험을 세계적인 방송국에서 하게 된 이유는 이른바 '머피의 법칙'이라는 것이 실제로 존재하는지를 통계적으로 확인하기 위해서였습니다.

미국 공군에서 근무하던 에드워드 머피 대위는 어느 날, 자신이 설계한 물건이 잘못된 방법으로 조립되어 고장 나 버린 것을 발견합니다. 고장 원인을 분석하는 도중 머피는 고장을 피할 수 있는 여러 방법이 있었음에도 누군가가 반드시 잘못된 방법을 선택해서 고장을 낸다는 것을 발견합니다. 그 후로부터 '일어나지 않았으면 하는 일은 꼭 일어난다'라는 느낌을 머피의 법칙이라고 부르기 시작했지요.

하지만 BBC의 버터 바른 토스트 실험에서 확인할 수 있듯이 머피의 법칙은 실제와는 조금 다릅니다. 사람의 느낌과 실제가 다른 이러한 현상을 과학자들은 '선택적 기억'이라고 부릅니다.

선택적 기억의 내용은 이렇습니다. 우리가 평상시에 하는 일들을 무사히 마치게 되면 그 기억은 머릿속에 잘 남지 않습니다. 하지만 우연히 재수 없는 일을 겪는 경우, 그것은 매우 특별한 기억이기 때문에 머릿속에 깊숙이 남게 된다는 이야기입니다.

예를 들어 볼까요? 학교에 지각하지 않고 가는 일을 특별히 기억하는 사람들은 거의 없습니다. 지각하지 않는 것은 우리에게 너무나 익숙한 상황이니까요. 하지만 어느 날, 버스를 놓쳐 지각을 했다면 이것은 흔하지 않은 일이 됩니다. 덕분에 이때의 지각은 우리에게 특별한 기억으로 남게 되지요. 그리고 이런 일이 두세 번 정도 반복되면 자기는 늘 버스를 놓쳐 지각을 한다는 비틀린 기억을 가지게 됩니다. 사실 버스를 놓친 것은 학교에 가는 수백 번 중 단 두세 번에 불과한데도 말이죠.

머피의 법칙도 마찬가지입니다. 만약 머피가 생각한 대로 고장 나지 않았으면 하는 물건이 어떻게든 고장 난다고 한다면, 미국 공군의 모든 물건이 고장 나 있어야 할 겁니다. 하지만 대부분의 물건은 고장 없이 잘 돌아가고 있지요. 애초에 고장이라는 현상이 매우 특별한 기억이기 때문에 고장 나지 않은 다른 물건들에 비해 사람들의 기억에 오래도록 남아 있다는 이야기입니다.

그러므로 단기적으로 볼 때 어떤 사람은 매우 운이 좋아 보이고, 어떤 사람은 운이 없는 것처럼 보이지만 그것은 실제와는 다른 경우가 많습니다. BBC 방송국의 실험대로 결국 수없이 많은 상황을 반복해 통계를 내 본다면 대체로 사람의 운은 공평하게 작용하기 마련입니다. 그러니까 '왜 나만 항상 재수가 없는 걸까?'라고 생각하는 사람들이 있다면 반드시 다시 한 번 생각해 보세요. 사람이라면 누구나 인생에서 실패한 상황보다는 성공한 상황이 압도적으로 많기 때문입니다. 단지 기억을 하지 못할 뿐입니다.

더 생각해 보기

❶ 준호가 자기에게만 불행한 일이 생긴다고 믿는 이유는 무엇일까요? 그런데 정말 불행한 일은 준호에게만 생기는 것일까요?

❷ 생활 속에서 여러분이 겪은 실패한 일과 성공한 일을 기록해 보세요. 어떤 것이 더 많은가요?

모범 답안은 136쪽에 있습니다.

통계적으로 생각하기

사람의 기억이 늘 정확한 것은 아니다. 중요한 상황에서 올바른 예측을 하기 위해서는 개인의 느낌보다 통계가 더 정확하다.

함께 살아가기

　교실 문이 열리자 선생님을 따라 한 여자아이가 들어왔다. 새까만 머리에 까무잡잡한 피부가 한눈에 봐도 반 아이들과는 다른 모습이었다.
　선생님은 칠판에 '제시카'라고 크게 적고는 전학 온 아이를 소개시켜 줬다. 필리핀에 가서 일하던 아빠랑 거기 살던 엄마 사이에서 제시카가 태어났고, 제시카네 가족은 필리핀에서 한동안 살다 왔다고 한다. 제시카는 웃으며 아이들에게 익숙한 한국어로 인사했지만 반 아이들은 낯설기만 한 표정들이었다. 선생님은 아이들에게 친하게 잘 지내라고 했지만 아무도 제시카에게 말을 걸지 않았다.
　쉬는 시간에도, 급식시간에도 제시카는 혼자 앉아 있었다. 아이

들이 제시카가 싫어서 그런 것은 아니었다. 단지 아직 낯설기 때문에 조금 쑥스럽고 조심스러운 것 것뿐이었다.

그때 한 아이가 제시카에게 다가가 말을 걸었다. 소연이였다.

"안녕, 너 머리가 굉장히 길다. 누가 이렇게 멋지게 땋아 준 거니?"

제시카는 마치 사막에서 오아시스를 찾은 표정으로 소연이에게 미소 지었다.

"우리 엄마가 묶어 주신 거야. 난 아직 혼자서는 잘 못 따."

"이렇게 긴 머리를 땋는 건 혼자 하기 힘들지. 너희 엄마 진짜 솜씨가 좋으시다."

"응, 우리 엄마 머리 땋는 거 말고도 파마도 잘하셔. 요즘 미용사가 되려고 열심히 학원 다니시거든."

소연이의 살가운 말에 제시카의 얼굴에 웃음이 피어올랐다. 둘이 한참 재미있게 이야기하자 눈치만 보던 아이들도 제시카에게 다가와 말을 걸기 시작했다. 좀 전까지 제시카 혼자 뚱하니 있었던 게 거짓말 같았다.

이게 다 소연이 덕분이었다. 소연이는 엄마 아빠의 일터를 따라 전학을 세 번이나 다녔다. 오죽하면 별명도 '방랑의 전학생'이었다. 소연이는 낯선 학교에 혼자만 뚝 떨어진 기분이 어떤 건지 누구보다 잘 알았다. 한번은 전학 온 날 아무도 말을 걸어 주지 않아 운 적도 있었다. 그래서 누구보다도 제시카의 마음을 잘 이해할 수 있었다. 소연이는 제시카가 얼른 반 아이들과 친해지게 도와주고 싶었다.

"제시카, 오늘 학교 끝나면 떡볶이 먹으러 가자. 우리 엄마가 분식집 하는데 진짜 맛있어."

"정말? 나 떡볶이 진짜 좋아해!"

제시카가 좋다고 하자 소연이는 주변에 있던 친구들을 쳐다봤다.

"그럼 이따 너희들도 같이 가자. 오늘 엄마한테 엽기 떡볶이 곱빼기로 달라고 할게."

아이들이 신나서 엄지손가락을 들어 보였다.

"좋아!"

"와, 신난다. 안 그래도 매운 거 먹고 싶었는데 잘됐다."

그때 뒤에서 누군가 소연이를 불렀다. 돌아보니 소연이와 가장 친한 수아였다. 수아는 교실 밖으로 소연이를 불러내더니 심각한 표정으로 쳐다보며 말했다.

"소연아, 이따가 너희 분식집 갈 때 제시카도 꼭 같이 가야 해?"

"당연하지. 처음에 제시카 때문에 가자고 한 거거든."

수아는 조금 생각하더니 입을 툭 내밀며 말했다.

"그럼, 나는 안 갈래."

평소 같지 않은 수아의 모습이 소연이는 낯설기만 했다.

"무슨 소리야? 네가 안 가면 어떡해! 왜 그러는 거야? 제시카가 무슨 잘못이라도 했니?"

"몰라, 무조건 난 걔가 가면 절대 안 갈 거야."

"너 진짜 왜 그래? 지금 네가 얼마나 이상한지 알아?"

놀라서 묻는 소연이에게 수아는 대답 대신 폭탄 같은 말을 터트렸다.

"난 네가 정말 좋아. 하지만 제시카랑 같이 떡볶이를 먹으러 가는 건 싫어. 그러니까 나랑 같이 가든지 걔랑 가든지 둘 중에 하나만 택해."

수아의 말에 소연이는 당황스러웠다. 평소 수아는 이해심 많고 양보할 줄 아는 아이였다. 그래서 지금의 행동이 더 이해가 가지 않았다. 분명히 이유가 있을 것도 같았지만 그렇다고 제시카를 모른 척 할 수도 없었다. 잠시 고민을 하던 소연이는 드디어 입을 열었다.

"나도 네가 정말 좋아. 하지만 무조건 나한테 둘 중 하나를 택하라고 하는 건 잘못된 거 같아. 오늘은 제시카와 먼저 약속을 한 거니까 난 제시카와 같이 떡볶이 먹으러 갈래."

대답을 들은 수아는 아무 말도 하지 않고 고개만 끄덕이더니 쓸쓸한 얼굴로 교실로 들어갔다.

집에 돌아간 소연이는 자꾸 수아가 마음에 걸렸다. 수아는 정말 좋은 친구였다. 처음 소연이가 전학 왔을 때 제일 먼저 말을 걸어 준 것도 수아였다. 그런 수아가 왜 그렇게 말했는지 도대체 알 수가 없었다. 한참을 생각하던 소연이는 전에 길을 지나가다가 외국 사람을 보고 무섭다고 피해 가던 수아의 모습이 떠올랐다. 그제야 소연이는 수아가 제시카를 싫어한 이유를 대충 추측할 수 있었다. 소연이는 머리를 싸매고 끙끙대다 다른 친구들과 고민을 이야기해 보기로 했다.

날이 밝자마자 소연이는 성범이를 찾아가 수아의 문제를 조심스럽게 이야기했다.

"그런 거라면 문제없어. 수아한테 외국인은 전혀 나쁘지 않다고 믿게 해 줄 자신이 있어."

"정말이야?"

"응! 예전에 신문에서 본 통계를 보여 주면 오해를 풀 수 있을 거야."

자신만만한 성범이를 보자 소연이는 마음이 놓였다. 그리고 성범이를 데리고 수아에게 갔다. 그런데 책상에 앉아 있는 수아를 본 성범이가 다짜고짜 따지듯 물었다.

"야! 김수아. 너 외국인 싫어한다며?"

수아는 찔린 듯이 잠시 머뭇거리다 성범이를 쏘아보았다. 어떻게 그 사실을 알았는지 묻고 싶은 눈치였다. 하지만 성범이 옆에 있던 소연이를 본 수아는 대충 사정을 알았다는 듯 고개를 끄덕이더니 빈정거렸다.

"싫어하는 데도 네 허락을 받아야 하니? 그래서 뭐 어쩔 건데?"

수아의 차가운 말투에 성범이가 실망스러운 얼굴로 되물었다.

"이유도 없이 사람을 싫어하는 건 나쁜 거라고 안 배웠냐?"

"이유가 왜 없어? 외국인들이 얼마나 범죄를 많이 저지르는데."

수아의 그 대답을 기다리기라도 했다는 듯이 성범이는 눈썹을 꿈틀대며 미소를 지었다.

"내가 그럴 줄 알았어. 평소에 신문 좀 보고 공부도 하고 그래라. 신문에 난 통계를 보면 외국인의 범죄 비율이 우리나라 사람들의 범죄 비율보다 낮아."

하지만 수아는 그런 성범이의 충고에 콧방귀를 뀌었다.

"그야 외국인 주변에 우리나라 사람이 많으니까 함부로 범죄를 저지르지 못하는 거지. 내가 보기엔 너야말로 신문도 보고 통계 공부도 해야겠다. 외국인 거주 밀집 지역에선 외국인의 강력 범죄율이 우리나라 사람들의 범죄율보다 더 높다는 통계도 못 봤어?"

"뭐? 그게 정말이야?"

깜짝 놀라 되묻는 성범이에게 수아는 자신이 스마트폰으로 검색한 뉴스를 보여 줬다.

"이것 봐, 내 말이 맞지? 외국인이 자꾸 많아지면 우리나라는 결국 범죄 천국이 될 거야."

할 말을 잃어 대꾸도 못 하는 성범이를 두고 수아가 자리를 떠났다. 소연이와 성범이는 한 대 맞은 표정으로 서로를 바라보았다.

어떻게든 방법을 찾고 싶었던 성범이는 아무래도 안 되겠다며 통계 할머니에게 전화를 했다. 사정 이야기를 들은 할머니는 성범이에게 수업이 끝난 후 제시카와 수아를 함께 데려오라고 당부했다. 소연이는 결국 사실대로 말하지 못하고 거짓말로 수아를 설득해 간신히 할머니네 집에 도착했다. 그곳에서 제시카를 본 수아는 있는 대로 눈살을 찌푸렸다.

"재미있는 일이 있다더니 그게 이거였어?"

"사실대로 말 못 해서 미안해. 하지만 어쩔 수 없었어."

할머니네 거실에서 제시카와 나란히 앉게 된 수아는 불편한 자세로 제시카와 닿지 않으려고 엉덩이를 반쯤 걸치고 있었다. 소연이가 자기를 속인 게 화가 나 당장이라도 나가고 싶었지만 할머니 앞이라

차마 그럴 수 없었다. 할머니는 그런 수아를 보고는 따뜻하게 인사를 건넸다.

"네가 수아로구나. 참 귀엽게 생겼네. 그럼, 이렇게 모였으니 할머니가 옛날에 겪었던 이야기 하나 해도 좋을까?"

옛날이야기라는 말에 아이들은 서로 불편한 것도 잊고 귀를 기울였다.

"내가 지금보다 한참 젊었을 때란다. 통계를 더 공부하고 싶어 영국으로 유학을 떠났지. 생전 처음 겪는 외국 생활과 음식은 정말 적응하기 힘들더구나. 그래도 그런 건 어떻게든 견딜 수 있었단다. 하지만 정말로 나를 힘들게 한 건 다른 문제였지."

"어떤 문제요?"

항상 여유로워 보이던 할머니에게도 힘든 것이 있었다는 말에 성범이가 호기심이 가득한 눈으로 물었다. 할머니는 기억을 더듬는지 잠시 눈을 감더니 성범이의 물음에 대답했다.

"그건 바로 인종차별이었지. 몇몇 사람들이 내 앞에서 내 피부색을 가지고 조롱하거나 손가락으로 눈을 찢으며 놀리곤 했었어. 심지어 어떤 식당 주인은 나를 식당에서 내쫓기도 했지."

아무런 이유도 없이 할머니가 쫓겨났다는 말에 아이들은 분노를 감추지 못했다. 특히 수아는 '역시 외국인들이 다 그렇지'라는 표정이었다.

"할머니, 그런 곳에서 도대체 어떻게 견디셨어요?"

"식당에서 쫓겨나고 나니 '내가 여기서 뭐하고 있나?'라는 생각이 들었단다. 그래서 한국으로 돌아가려고 가방에 짐이란 짐은 다 싸고 있었지. 그때 어떤 분이 나를 말렸단다."

"그게 누군데요?"

"평소에 늘 친절하게 대해 주던 통계학과 지도 교수님이셨단다. 머리가 하얗고 배가 조금 나온 분이셨지. 교수님은 한국으로 가려던 나를 붙잡고 말씀하셨단다. 영국에는 사람을 차별하는 나쁜 사람도 있지만, 그렇지 않은 좋은 사람도 많다고 말이다. 어느 나라에나 나쁜 사람도 있고 좋은 사람도 있다고도 하셨지. 나보고 통계를 공부하러 왔으니까 잘 알지 않느냐며, 좋은 사람만 생각하면서 열심히 공부하라고 하셨단다. 마음에 와 닿는 따뜻한 말에 나는 그만 엉엉 울었지 뭐냐. 그 이후로는 유학하는 내내 아무리 힘든 일이 있었어도 교수님의 말씀을 생각하며 다시는 울지 않았단다."

할머니의 말이 끝나자 아이들은 모두 감동한 표정이었다. 특히 제시카는 당시 할머니가 겪었던 감정이 곧바로 전해졌는지 금방이라도 그렁그렁 눈물을 쏟을 것 같은 표정이었다. 그때 수아가 이해가 가지 않는다는 듯이 말을 했다.

"아니에요, 할머니. 외국인들은 정말 나빠요. 여기 강력 범죄 통계도 있잖아요. 지금 처음 말하는 건데 전 나쁜 외국인한테 맞을

뻔한 적이 있어요. 너무 무서워서 한동안은 혼자 다니지도 못했어요. 외국인은 우리나라에서 다 나갔으면 좋겠어요."

수아의 말에 아이들은 모두 놀랐다. 평소엔 착하기만 한 수아가 왜 외국인이라면 질색하는지 소연이도 이제야 이해할 수 있었다. 할머니는 볼이 빨개지도록 화가 난 수아의 머리를 다정하게 쓰다듬으며 말했다.

"통계는 대부분 진실을 말하지만 어떤 경우에는 진실을 못 보게도 한단다. 지금 같은 경우도 그렇지."

"그게 무슨 말씀이세요?"

"외국인이 많이 사는 곳의 강력 범죄율이 높은 까닭은 따로 있단다. 그 사람들이 외국인이기 때문이 아니라 그 사람들이 처한 환경 때문이란다."

"할머니, 조금 더 자세히 설명해 주실 수 있나요?"

성범이가 아직 이해가 되지 않는다는 듯 고개를 갸웃거렸다. 할머니는 아이들을 보고 미소 짓더니 차분한 목소리로 다시 이야기를 시작했다.

"한번 곰곰이 생각해 볼까? 일단 우리나라에 오는 외국인들은 대부분 비교적 젊은 남자들이란다. 나이가 많은 사람이 큰돈을 들여 우리나라까지 와봤자 몸을 많이 쓰는 힘든 일을 하기 쉽지 않아 돈도 많이 벌 수 없단다. 그래서 뭐든지 닥치는 대로 일을 하고 돈을 벌 가능성이 높은 젊은 남자들이 많이 오게 되는 거란다."

"그런데요?"

"자, 이제 천천히 생각해 보자꾸나. 너희들은 남자와 여자, 노인과 젊은이 중에 누가 더 무서운 범죄를 많이 저지를 것 같니?"

할머니의 물음에 수아가 재빠르게 대답했다.

"당연히 젊은 남자죠."

"왜 그럴까?"

"대개 젊은 남자가 여자나 노인보다 힘이 더 세니까요. 남자가 여자를 때리는 일은 많아도 여자가 남자를 때리는 일은 적잖아요. 노인도 마찬가지고요."

"그래, 맞다. 이제 이유가 나왔구나. 강력한 범죄를 저지르는 사람들 중에는 비교적 젊은 연령대의 남자가 많다는 걸 알 수 있을 거다. 그렇다면 젊은 사람들로 구성된 집단으로 한정해 범죄율 통계를 낸다면, 남녀 모든 연령대의 집단에서 낸 범죄율보다 높게 나올까, 적게 나올까?"

"당연히 높게 나오겠죠. 반대로 아이와 여자, 노인만 있는 집단이라면 범죄율이 더 낮게 나올 테고요."

이제야 이해했다는 듯 성범이가 고개를 끄덕이며 큰 소리로 대답했다.

"그럼 이제 수아가 본 통계를 해석할 수 있겠지?"

"네. 만약 우리나라 사람 중에서 젊은 남자들만 대상으로 해서 강력 범죄율을 조사한다면 평소보다 높게 나오는 게 당연해요. 그건 곧 수아가 들고 온 통계도 그 사람들이 외국인이라서 특별히 범죄를 더 저지르는 게 아니라는 말이죠."

"정답이다. 한국의 젊은 사람들이 많이 모이는 서울의 유흥가에서 강력 범죄가 많은 것도 같은 이치란다."

할머니가 성범이를 칭찬하자 아이들의 표정이 환해졌다. 하지만 수아의 표정은 여전히 좋지 않았다. 그때 여태까지 가만히 듣고만 있던 제시카가 처음으로 입을 열었다.

"수아야, 사실은 나도 한국에 처음 왔을 때 나쁜 한국 사람한테 심하게 욕을 먹은 적이 있었어. 하지만 다행히 친절한 한국 아저씨가 도와줘서 아무 일도 없었지. 그 아저씨 때문에 난 지금도 한국 사람들을 좋아해. 너도 그럴 순 없을까?"

제시카의 다정한 말에 수아의 눈에 작은 눈물방울이 맺혔다. 제시카를 제대로 보지 않은 채 외국인을 무조건 싫어하고 멀리했던 자신이 창피했기 때문이었다. 그 모습을 본 소연이가 옆에서 수아의 손을 꼭 잡아 줬다. 이제는 자신이 수아를 도울 차례라는 것을 소연이는 알고 있었다.

▶ 통계, 더 알고 싶어!

다문화 사회

불과 얼마 전까지만 해도 '한국은 단일 민족 국가'라는 말이 상식으로 받아들여졌습니다. 하지만 세계가 다문화 시대에 접어든 지금 이제 그 말은 과거의 유물이 되어 버렸지요.

해를 거듭할수록 더 많은 수의 외국인이 결혼이나 취업, 유학이나 여행을 이유로 한국을 방문합니다. 2015년 4월 통계에 의하면 현재 한국 안에 있는 외국인은 총 184만 6049명(법무부 체류 외국인 통계)이라고 합니다. 우리나라에 거주하고 있는 사람 백 명 중 세 명은 외국인이라는 말이지요. 우리나라에서 외국인을 마주치는 일은 더 이상 특별한 경험이 아니라 매우 흔한 일이라는 겁니다. 반대로 한국인도 같은 이유로 매년 많은 사람들이 다른 나라로 나가기도 합니다. 경제 협력을 위해 전 세계의 자본과 노동력이 여러 나라로 이동하는 현실을 생각한다면 당연한 일이기도 합니다.

사정이 이러하다 보니 유엔 인종차별철폐위원회(UN CERD)에서는 '한국 사회가 다민족 사회가 된 만큼 단일 민족 국가라는 개념을 극복해야 한다'고 권고하기도 했습니다. 그래서인지 정부나 시민

사회에서는 서로 다른 문화를 가진 사람들이 함께 어울려 살 수 있도록 다른 사회의 문화를 포용하는 법을 교육합니다. 매일매일 텔레비전을 통해 세계 여러 나라에서 한국으로 온 사람들이 서로의 문화에 대해 이야기하는 것은 물론, 다문화에 관련된 도서들이 서점에 쏟아져 나오는 것도 같은 이유입니다.

하지만 그럼에도 다른 사람들과 더불어 사는 것에 대해 아직 익숙하지 못한 사람들도 많은 것이 현실입니다. 피부색이나 언어, 생김새 등이 다른 것이 절대로 틀린 것이 아님에도 말이지요. 그중에서도 심한 사람들은 잘못된 통계를 이용해 외국인에 대한 혐오나

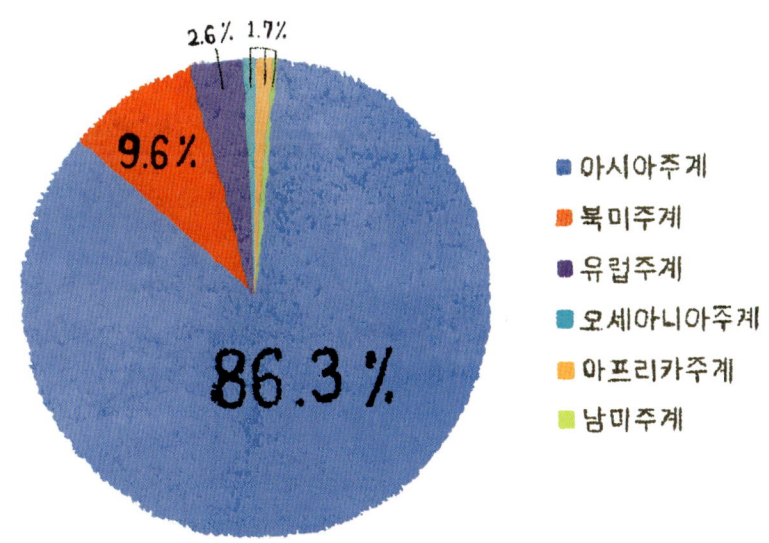

대한민국 내 체류 중인 외국인 비율(2015년 4월 기준)

편견을 불러오게 합니다. 특히 통계의 경우는, 숫자는 거짓말을 하지 않는다는 생각이 있기 때문에 잘못된 통계로 자신의 근거 없는 혐오감을 정당화하는 경우도 많습니다. 그러므로 우리가 통계로 된 자료를 정확히 해석하기 위해서는 단순히 통계에 기록된 숫자만 살피는 것이 아니라, 그런 정보가 쌓이게 된 다양한 배경 지식들을 함께 살필 줄 알아야 합니다. 그렇게 통계를 통해 올바른 예측과 판단을 할 수 있을 때 비로소 우리는 모두가 함께 행복하게 살아가는 다문화 사회로 이행할 수 있게 되는 것입니다. 세상은 나 혼자 살아가는 곳이 아니기 때문입니다.

더 생각해 보기

❶ 수아가 외국인에 대하여 이상한 편견을 가지게 된 까닭은 무엇일까요? 만약 반대로 수아가 만난 외국인이 수아에게 친절하게 대해 줘서 수아가 외국인은 다 친절하다고 생각한다면 그것은 옳은 생각일까요?

❷인종이나 성별, 국적 등에 의한 차별이 나쁜 이유는 무엇일까요? 여러 가지 이유를 생각해 보도록 합시다.

모범 답안은 136쪽에 있습니다.

통계적으로 생각하기

어떤 통계는 실제 상황을 왜곡하는 데 잘못 인용되는 경우도 있다. 그러지 않기 위해서는 통계 자료가 나오게 된 배경 사건에 대한 정보까지 꼼꼼히 파악해야 한다.

정확한 통계 조사를 위해

"그래! 좋아! 이거거든. 아……아니, 안 돼!"

컴퓨터 앞에 앉은 성범이가 연달아 소리 지르고 있었다. 아이들 사이에서 최고로 인기 있는 게임을 하고 있는 중이었다. 요즘 친구들 사이에는 자기들이 기록한 게임의 높은 성적을 SNS에 자랑하는 게 유행이다.

지난주 최고 기록 보유자는 정석이었다. 성범이는 정석이의 기록을 깨기 위해 계속해서 도전하고 있었다. 이대로만 가면 기록을 깨는 건 문제도 아니었다.

기록 갱신을 눈앞에 둔 바로 그때, 밖에서 '딩동' 하고 인터폰이 울렸다. 게임이 끊길까 봐 못 들은 체하던 성범이는 연속으로 벨이

울리자 어쩔 수 없이 자리에서 일어났다.

"아, 정말 머피의 법칙도 아니고 이럴 때만 누가 찾아와!"

성범이는 투덜대며 현관 앞으로 갔다. 누군가 하고 인터폰을 들여다보니 처음 보는 아주머니였다. 성범이는 퉁명스러운 목소리로 물었다.

"누구세요?"

"통계청에서 인구 조사 나왔습니다. 조금만 시간을 내주실 수 있을까요?"

화가 잔뜩 나 있던 성범이는 통계청이라는 말에 왠지 반가운 마음이 들었다. 이전 같으면 귀찮아서 짜증이 났을 텐데, 통계 할머니와 자주 만나고 도움을 받다 보니 통계가 얼마나 사람들의 생활에 중요한지 잘 알게 되었기 때문이다.

성범이는 문을 열며 반갑게 인사를 했다.

"어서 오세요."

너무 반갑게 인사를 해서인지 오히려 아주머니가 놀란 듯했다.

"그래, 어른들은 안 계시니?"

"네, 지금 외출 중이세요."

부모님이 안 계시다는 말에 아주머니의 표정이 조금 어두워졌다. 성범이가 무언가를 알아챘는지 과장된 표정으로 말했다.

"괜찮아요. 우리 집 정보는 제가 다 아니까 전부 말씀드릴게요."

성범이의 표정이 우스웠는지 아주머니가 웃으며 말했다.

"정말 고맙구나. 하지만 이번 조사는 어른들의 대답이 꼭 필요하거든. 여기는 다음에 다시 와야겠구나."

"에이, 귀찮게 뭘 또 오시려고 그러세요. 걱정하지 마세요. 제가 아는 건 다 대답한다니까요."

"네 마음은 알겠지만, 그렇게 하게 되면 정확한 통계가 나오기 어렵단다."

웃으면서 집을 나서는 아주머니의 뒷모습을 보며 성범이는 사람들을 편리하게 하는 통계 자료가 얼마나 힘들게 만들어지는 것을 알 수 있었다.

문득 통계 할머니와 만나고 나서의 일들이 떠올랐다. 전에 몰랐던 많은 이야기가 통계에 숨어 있을 뿐만 아니라 통계를 잘 활용하면 사람들이 행복해질 수도 있다는 것도 깨달았다.

이런 저런 생각을 하던 성범이는 나중에 크면 통계 분야에서 일하는 것도 재미있겠단 생각이 들었다. 많은 직종에서 통계 전문가들이 활약하고 있다는 소리를 할머니로부터 들었던 것도 이러한 생각을 하는 데 한몫했다. 성범이는 다음에 다시 아주머니가 방문하면 꼭 음료수라도 한잔 대접해야겠다고 마음먹었다.

더 생각해 보기 모범 답안

선거는 어려워 44~45쪽
❶ 정석이는 회장 선거 당선 여부에 대한 물음에 응답하는 사람들을 무작위로 고른 것이 아니라 자신과 친한 주변의 사람들로 한정했습니다. 이것은 정석이와 친하지 않은 나머지 학교 아이들의 의견은 반영되지 않은 것입니다. 더 정확한 여론 결과를 원했다면 이야기에서 성범이가 조사한 것처럼 정석이와 친한 학생뿐만 아니라 친하지 않은 학생들도 골고루 의견을 들어야 했습니다. 정석이의 생각이 학교 아이들의 전체적인 생각과 다르게 된 이유입니다.
❷ 정답 ④
만일 여론 조사를 축구장이나 야구장, 탁구장에서 한다면 그 종목을 좋아하는 학생들의 의견들만 지나치게 반영되어 전체적인 초등학생들의 의견과 달리 나올 가능성이 높습니다. 공정한 여론 조사 결과를 얻기 위해서는 여러 운동과 특별한 관계가 없이, 사람들이 모이는 여의도 광장 같은 곳에서 하는 것이 더 올바른 예측 결과를 가져옵니다.

토끼를 구해줘! 60~61쪽
❶ 진우 엄마는 아이들이 공사장의 더러운 물로 세수한 것을 알지 못했기에 진우와 그 친구들이 평소와 달리 피부병에 걸린 것은 알콩이를 안고 사진을 찍은 일이라고 생각했습니다. 하지만 수진이는 피부병에 걸린 아이들과 마찬가지로 알콩이를 만졌지만 피부병에 걸리지 않았기 때문입니다. 수진이에게 알콩이를 만지는 것은 평소의 건강 상태를 해치지 않는 일상적인 행동이므로 알콩이가 피부병의 원인이라고 생각하지 않은 것입니다.
❷ 배탈이 난 원인을 찾기 위해서는 가장 먼저 모든 아이들이 먹는 급식을 조사하는 것이 우선입니다. 하지만 급식을 먹은 모든 아이들이 아니라, 몇몇 아이들만 배탈이 난 경우라면 이후에는 배탈이 난 아이들끼리 모여 분식이나 집에서 싸 온 간식 등을 함께 먹었는지도 조사해야 합니다. 같은 음식을 먹었을 때 같이 배탈이 날 가능성이 높기 때문입니다.

떡볶이를 부탁해 78~79쪽
❶ 소연이네 분식집이 장사가 잘되지 않았던 까닭은 가게 건너편에 새로 생긴 햄버거 집으로 손님들이 이동했기 때문입니다. 맛있는 것을 찾아다니는 손님들이 소연이네 가게에서 파는 떡볶이보다 햄버거를 더 많이 좋아했기 때문입니다.
❷ 정답 ②
고급 생선회는 비싼 음식이지만 빨리 상할 수 있고 초등학생들이 좋아하는 음식은 아닙니다. 얼큰한 육개장이나 노인분들이 좋아하는 부드러운 양갱도 초등학생들이 그리 선호하는 음식은 아닙니다. 하지만 떡볶이와 어묵은 대부분의 초등학생들과 어른들도 좋아하는 음식이기 때문에 바자회에서 가장 많이 팔릴 가능성이 높은 음식입니다.

불량배 소탕 대작전 97쪽
❶ 동네에 불량배가 나타난 것은 학교 주변의 환경과 관계가 있습니다. 더러운 놀이터나 공사장 근처에서는 사람들이 함부로 술을 먹거나 담배를 피워도 괜찮을 것 같다고 생각하기 때문에 주변의 불량한 사람들이 그 근처로 모여든 것입니다. 경찰과 양화초등학교 학생들이 청소를 하자 불량배들이 사라진 것은 주변 환경이 범죄 예방에 얼마나 중요한 것인지를 말해 줍니다.
❷ 여러 사람이 무단 횡단을 하면 자기도 무단 횡단을 하는 것이 괜찮다고 생각합니다. 이는 무의식중에 다수의 사람이 선택하는 것이 옳은 것으로 판단하는 경향 때문입니다. 반대로 모두가 신호를 지킨다면 혼자서 무단 횡단 하는 것은 어려워집니다. 그러므로 모두가 철저히 신호를 지키는 것이 무단 횡단으로 인한 사고를 예방하는 가장 좋은 방법입니다.

느낌보다는 숫자 113쪽
❶ 준호는 자신이 잘해낸 성공적인 경험보다 실패한 경험을 더 깊이 기억하고 있는 것입니다. 이런 기억이 준호에게만 생기는 것도 아닙니다. 거의 모든 사람들이 일상에서 준호와 마찬가지로 수시로 사소한 불행들을 겪고 있습니다. 다만 준호처럼 불행에 대한 기억을 특별히 간직하지 않을 뿐입니다.
❷ 오늘 벌어진 두 가지 일을 한번 비교해 보세요. 어떤 경우가 더 많을까요?
실패한 것: 지각한 것, 선생님께 혼난 것, 밥을 굶은 것, 친구와 싸운 것, 버스를 놓친 것, 놀다가 다친 것, 사려고 했던 것을 사지 못한 것 등.
성공한 것: 지각하지 않은 것, 선생님께 칭찬 받은 것, 밥을 맛있게 먹은 것, 친구와 재미있게 이야기한 것, 버스를 제 시간에 탄 것, 신나게 논 것, 원하던 물건을 산 것 등.

함께 살아가기 130쪽
❶ 수아는 외국인에게 폭행을 당한 경험을 바탕으로 외국인은 모두 폭행을 할 것이라는 편견을 가졌습니다. 부분만 보고 전체를 판단하는 실수를 범한 것입니다. '장님 코끼리 만지기'라는 속담에서처럼 부분으로 전체를 오해하는 것이지요. 외국인이 수아에게 친절하게 대했다고 해서 모든 외국인이 친절하다는 생각을 가지는 것도 같은 종류의 실수입니다.
❷ 인종, 성별, 국적 등은 자신의 의지로 결정할 수 있는 조건이 아닙니다. 자신이 저지른 나쁜 일의 대가가 아니라 자신이 아무리 노력해도 바꿀 수 없는 일을 가지고 차별이나 미움을 당하는 일은 억울한 일입니다.